Mobile 3

Lesebuch

westermann

Der Band für das 3. Schuljahr
wurde erarbeitet von
Annegret von Wedel-Wolff, Schwäbisch Gmünd;
Manfred Wespel, Schwäbisch Gmünd;
Meinhild von Lockstaedt-Schäffler, Tettnang;
Achim Bröger, Braunschweig und
Theo Lamberts, Altrich.

1. Auflage   Druck 8 7 6 5 4
Herstellungsjahr   2004 2003 2002 2001 2000
Alle Drucke dieser Auflage können im Unterricht
parallel verwendet werden.

© Westermann Schulbuchverlag GmbH, Braunschweig 1997
www.westermann.de

Verlagslektorat: Inge Meyer-Öhlmann, Bettina Poppe
Lay-out und Herstellung: Annette Henko

Druck und Bindung: westermann druck GmbH, Braunschweig

ISBN 3-14-12 0863-8
ISBN 3-14-120963-4 (Ausgabe Rheinland-Pfalz/Saarland)

In diesem Lesebuch findet ihr

die Geschichte von der
Elefantenstadt Salambo
Seite 6 – 19

Ideen,
was ihr mit Texten
alles machen könnt:

auswendig lernen
Seite 20 – 21

vortragen
Seite 22 – 23

mit verteilten
Rollen lesen
Seite 24 – 25

vorlesen
Seite 26 – 27

dazu spielen
Seite 28 – 31

den Inhalt
wiedergeben
Seite 32 – 35

dazu schreiben
Seite 36 – 37

dazu malen
Seite 38 – 39

ein Schmuckblatt
gestalten
Seite 40 – 41

dazu singen,
tanzen, musizieren
Seite 42 – 43

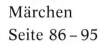

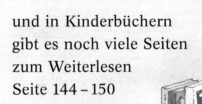

Die Dschungelstadt

Pit und Paula saßen im Zirkus in der ersten Reihe.
Gespannt beobachteten sie den Dompteur
und seine Elefanten Simba und Jumbo.
Plötzlich stapften die großen Tiere auf die Kinder zu,
legten den Rüssel um sie und hoben die beiden
auf ihren breiten Rücken.
Dann stürmten Simba und Jumbo
mit Pit und Paula aus dem Zirkuszelt.

Bevor der Dompteur „Halt!" rufen
konnte, waren die Elefanten
mit den beiden Kindern
in der Dämmerung verschwunden.

„Keine Angst!", beruhigte Simba
die Kinder. „Wir entführen euch
nur für kurze Zeit
in unsere Dschungelstadt Salambo.
Den Elefantenkindern dort
fällt das Lesen schwer, uns übrigens auch."

Und Jumbo sagte:
„Zeigt den Elefantenkindern doch mal eure Lesekunst.

Zehn Aufgaben müsst ihr lösen,
dann bringen wir euch
wieder zurück."

Drei Tage und drei Nächte ritten sie,
dann standen sie vor einem hohen Baumtor.
„Das ist der Eingang in unsere Dschungelstadt",
sagte Simba.

Halt, wer da?

Die Kinder ritten auf Simba und Jumbo
durch das Tor hindurch.
Plötzlich hörten sie eine Stimme.
„Halt, wer da? Ausweise vorzeigen!"

Natürlich hatten Pit und Paula keine Papiere bei sich.
Keinen Pass. Keinen Kinderausweis.
Ein Elefant in Uniform verlangte streng:
„Kommt sofort zu mir!
Wenn ihr schon keinen Ausweis habt,
muss ich wenigstens diesen Anmeldeschein
ausfüllen!"

Blitzschnell trompetete der Uniform-Elefant,
was auf dem Schein stand.

NameVornameGeburtsdatumGeburtsortStraßeHausnummerWohnort

Genauso wie der Elefant das vorgelesen
hatte, stand es wirklich auf dem Schein.
Pit und Paula konnten trotzdem lesen,
was man von ihnen wissen wollte.

Wer wohnt denn in Salambo?

Simba und Jumbo brachten die Kinder zu einem Baumhaus.
„In Salambo gibt es für jeden von uns eine Karte.
Darauf stehen die Namen, Berufe und Anschriften
unserer Bewohner."

Bosana Baumstark
Bananenbiegerin
Brotbaumallee 666

Drago Donnerton
Drehorgelspieler
Drachenbaumhaus 3

Sirta Schwindelfrei
Seiltänzerin
Schokoladenhütte 63

Ronaldo Riesenstark
Räuberfänger
Regenwaldallee 333

„Wo, bitte", fragte Simba, „wohnt Sirta,
und welchen Beruf hat sie?"
Pit fand schnell die richtige Antwort,
und Paula konnte alle Karten lesen,
ohne mehr als zweimal zu stocken.
„Oh!", staunte Jumbo, „jetzt habt ihr
schon die zweite Aufgabe gelöst."

Fernschreiben

Plötzlich hörten Pit und Paula ein vertrautes Geräusch.
„Klingt, als ob Briefe gestempelt werden", sagte Pit.
„Am besten, wir schreiben unseren Eltern eine Karte,
damit sie sich nicht so viel Sorgen um uns machen."

„Hier ist ein Telegramm für Simba und Jumbo",
sagte der Post-Elefant und gab es den Kindern.

SIMBA UND JUMBO - SALAMBO

AN SIMBA UND JUMBO STOPP ZIRKUS IN NOT STOPP
KAUM MEHR BESUCHER STOPP WICHTIGSTE NUMMER
FEHLT STOPP BITTE RÜCKKEHR SOFORT STOPP

DER ZIRKUSDIREKTOR

„Na, was steht denn in dem
Telegramm?", fragte Simba.
Pit las das Telegramm, und Paula
erklärte, was der Zirkusdirektor wollte.

Schwarz auf weiß

Simba und Jumbo ritten mit den beiden zum nächsten Baumhaus.
Da staunten die Kinder.

Ein Elefant mit s u p e r b r e i t e r Brille
saß hinter einem s u p e r b r e i t e n Schreibtisch
und las eine s u p e r b r e i t e Zeitung
mit s u p e r l a n g e n Zeilen.

Dschungel-Zeitung

Leseratten aus Europa in der Dschungelstadt Salambo eingetroffen.

Simba und Jumbo haben ihren Auftrag sehr gut erfüllt.
Gestern Abend trafen sie mit Pit und Paula aus Europa hier ein.
Die beiden erkunden jetzt neugierig unsere Stadt Salambo.
Sie müssen dabei zehn schwierige Leseaufgaben richtig lösen.
Wenn alles gut geht, sind sie morgen früh in unserer Schule.
Dort zeigen sie dann unseren Elefantenkindern ihre Lesekunst.
Wir sind darauf sehr gespannt und wünschen allen alles Gute.

Für Pit und Paula war es nicht leicht, diese langen Zeilen zu lesen.

Der Chef bin ich

Nun standen Pit und Paula auf einem riesigen Platz
vor einem prächtigen Haus.
Drinnen saß ein elefantengroßer Bürgermeister-Elefant
auf einem elefantenhinternbreiten Kissen.
Zur Begrüßung trompetete er laut und elefantenherzlich.
Dann las er seine Begrüßungsrede in einem Redeschwall vor.

Ich bin die wichtigste Person hier in der Stadt ich bin
der älteste und stärkste Elefant und leite die ganze Herde
alle Futterstellen kenne ich und weiß, wo es Wasser gibt
die jungen Elefanten warne ich bei Gefahr mit meinen
starken Kühen und Bullen beschütze ich sie noch Fragen

Pit und Paula hatten den
Bürgermeister-Elefanten kaum verstanden.
Deshalb gab er ihnen seine Rede schriftlich.
„Kein Wunder", sagte Paula, „hier fehlen
alle Punkte."
Aber Pit konnte die Rede so lesen,
dass man das Satzende immer hörte.

12

Mit Pauken und Trompeten

Jetzt hörten Pit und Paula
ohrenbetäubende Musik.
Elefanten sind gute Musiker, ganz klar.
Vor allem im Trompeten gibt es kaum bessere.
Aber auch auf die Pauke und die große Trommel
hauen sie gern.
Wenn der Dirigenten-Elefant die Tonart
ansagt, wissen die Elefanten auch gleich,
mit welchem Buchstaben jedes Wort beginnen muss.

E-Dur

Elefanten essen
echte Erdbeermarmelade.

J-Moll

Jan jodelt jederzeit
japanische Jagdlieder.

Z-Dur

Zehn Ziegen zogen zusammen
zwei Zebras zum Zirkus.

R-Moll

Renate Ratlos rast
rasch rückwärts.

Pit und Paula lasen den Text
aus dem Elefanten-Liederbuch
rasch und ohne zu stolpern.

Bananenbrotbuchstaben

Die Elefantenschüler strengten sich an.
Sie wollten bis zum Besuch von Pit und Paula
besser lesen können.
Ihre Lehrerin hatte Buchstaben aus Bananenbrot gebacken
und damit einen Text gelegt.

.lfant.n hab.n vil. F.ind.:
Lopard.n, Löw.n und Tig.r wart.n,
bis .in jung.r .lfant am Wass.r spi.lt
und hint.r d.r H.rd. h.rtrott.t.
Dann könn.n si. ihn licht jag.n.
Noch gfährlich.r sind ab.r di. M.nsch.n.
Si. woll.n di. schön.n wiß.n Stoßzähn.,
um daraus Schmuck zu mach.n.
Hoff.ntlich wird di. Jagd
auf .lfant.n
bald ganz
v.rbot.n.

Die Buchstaben E e aber
gefielen einer Elefantenschülerin
zum Fressen gut und deshalb
fehlten dann alle E e im Text.

Pit und Paula konnten den Text
lesen, obwohl alle E e fehlten.

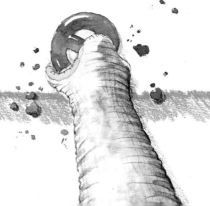

In der Lesestunde

Zur Begrüßung von Pit und Paula
wollten die Elefantenkinder ein Rätsel vorlesen.
Es ging auch schon ganz gut.
Nur am Ende jeder Zeile machten einige
noch immer eine ziemlich lange Pause.

Wer bin ich?

Ich bin gutmütig und verstehe
viel Spaß. Ich kann ein prima Freund
sein. Mein Körper sieht gewaltig
aus. Wenn es sein muss, bewege
ich mich trotzdem sehr schnell. Mit
dem Rüssel kann ich mir Nahrung in
den Mund stecken. Ich werde sehr alt
und lebe gern mit anderen Dickhäutern
zusammen. Außerdem kann ich prima mit
den Ohren wackeln.

Die beiden Menschenkinder
machten vor, wie man den Text liest,
ohne am Ende der Zeile zu stocken.
Die Elefantenkinder machten es nach.

15

Lesewettstreit

„Lasst uns einen Lesewettstreit machen!",
schlugen die Elefanten vor.
„Erst schreiben wir eine Aufgabe an die Tafel,
die ihr lösen müsst", sagten die Elefantenkinder.

„Und dann müsst ihr unsere Aufgabe lösen",
meinten Pit und Paula.

Hase Rose Ohr
Sand Kater Sieb
Wolle Buch Kopf

„Ihr müsst das Wort lesen und
den ersten Buchstaben ändern.
Wie heißt das neue Wort?"

Mist Hahn Wand
Rosen Tische Buch
Rübe Tor Hund Blei

„Ihr müsst das Wort lesen
und den zweiten Buchstaben
austauschen.
Wie heißt jetzt das neue Wort?"

BROT KEULE GIRAFFE
GRABEN REIS TASCHE
PFLICHT SCHANDE MOTOR

„Ihr müsst das Wort lesen
und herausfinden,
welches andere Wort in ihm steckt."

IHRS EIDWIR KLICHSCHN ELLE LES ER.
WIRGRA TULIER ENEU CHHER ZLICH.

„Oh, hier sind nur die Lücken
zwischen den Wörtern
etwas verrutscht.
Lest den Satz richtig vor."

Hausschlüssel Schlüsselblume Blumentopf
Topfpflanze Pflanzenwelt Weltreise
Reiseführer Führerhaus Hausschlüssel

„Ganz einfach zu lesen, wenn man entdeckt,
dass das Ende vom ersten Wort
und der Anfang vom nächsten gleich sind."

Blitzschlagzeug
Giftzahnarzt
Sonnenbrillenschlange
Wolkenbruchbude
Radiergummibaum
Löschblattlaus

„Aber das ist schwieriger!
In jedem Wort stecken zwei Wörter,
ihr müsst beide finden."

„Ihr seid prima Leser",
lobten die Elefanten Pit und Paula.
Und die beiden lobten die Elefantenkinder.

Der Abschied

Pit und Paula hatten alle Aufgaben gelöst.
Die Elefanten klatschten und trampelten begeistert.
„Steigt auf!", sagten Simba und Jumbo.
„Jetzt bringen wir euch schnell wieder nach Hause.
Versprochen ist versprochen."
„Und der Zirkusdirektor wartet auch schon
ganz verzweifelt auf uns", meinte Simba.

Das Dschungeltor wurde geöffnet.
Pit und Paula saßen hoch oben auf Simba und Jumbo.
Die Kinder winkten,
und die Elefanten trompeteten Abschiedsgrüße.

Goldene Welt

Im September ist alles aus Gold:

Die Sonne,
die durch das Blau hinrollt,

das Stoppelfeld,

die Sonnenblume,
schläfrig am Zaun,

das Kreuz auf der Kirche,

der Apfel am Baum.

Ob er hält? Ob er fällt?
Da wirft ihn geschwind
der Wind
in die goldene Welt.

Georg Britting

Die Feder

Ein Federchen flog über Land.
Ein Nilpferd schlummerte im Sand.

Die Feder sprach: „Ich will es wecken."
Sie liebte, andere zu necken.

Aufs Nilpferd setzte sich die Feder.
Und streichelte sein dickes Leder.

Das Nilpferd öffnete den Rachen.
Und musste ungeheuer lachen.

Joachim Ringelnatz

Mäuselist

In der Rumpelkammer versuchte die Katze,

die Maus zu erwischen in einem Satze.

Die Maus ist gerade noch weggehüpft

und in einen Kinderstrumpf geschlüpft.

Und plötzlich

        schlängelt sich da eine Schlange

und hebt den Kopf –

           der Katze wird bange.

Sie sträubt das Fell,

        macht kehrt,

           reißt aus –

und was kommt aus dem Schlangenschwanz raus?

        Na was denn?   Die Maus!

Hans Baumann

Rotkehlchen

Rotkehlchen auf dem Zweige hupft –

wipp, wipp! –

hat sich ein Beerlein abgezupft –

knipp, knipp! –

lässt sich zum klaren Bach hernieder,
tunkt's Schnäblein ein und hebt es wieder –

stipp, stipp, nipp, nipp! –

und schwingt sich wieder in den Flieder.
Es singt und piepst ganz allerliebst –

zipp, zipp, zipp, zipp, trili! –

sich seine Abendmelodie,
steckt's Köpfchen dann ins Federkleid
und schlummert bis zur Morgenzeit.

Wilhelm Busch

Lesestunde

Erzähler

Ein Hund, ein Schwein, ein Huhn, ein Hahn,
ein Specht, der grade zu Besuch,
die fanden hinterm Haus ein Buch –
was haben da die fünf getan?
Sie riefen alle laut:

„Mal sehn, was mag
auf Seite eins wohl stehn?"

 „Oi, oi, oi, oi",

so las das Schwein.

Da sprach der Hund:
 „Das kann nicht sein.
Da steht wau, wau, wau, wau, wau, wau."

Der Specht rief gleich:
 „Ich seh's genau,
da steht tak, tak, tak, tak, tak, tak."

Das Huhn las eifrig:
 „Gack, gack, gack."

Hell schrie der Hahn:
 „Das stimmt doch nie,
da steht kikerikikriki!"

Die Eule hörte das Geschrei
im Tagversteck und flog herbei.

Nun sprach der Hahn mit wilden Augen:
 „Das dumme Buch will nicht viel taugen,
denn jedem lügt's was anderes vor."

Die Eule hielt es an ihr Ohr:
 „Mir sagt das Buch, es läg' daran,
dass keiner von euch lesen kann."

Hans Baumann

Brüder

Willi und Peter sind gleich alt,
das sieht jeder.
Sie sehen auch gleich aus.
Beim Einkaufen fragt die Verkäuferin:
„Seid ihr zwei denn Zwillinge?"
„Nein!" Beide lachen.
Die Verkäuferin sagt:
„Ihr seid doch Brüder und gleich alt,
oder nicht?"
„Stimmt", sagt Willi.
„Dann seid ihr also doch Zwillinge",
meint die Verkäuferin.
„Nein", sagt Peter, „wir sind Drillinge,
unser Bruder Oskar ist zu Hause geblieben."

nach Klaus Franken

Die Henne
und der Apfelbaum

An einem Oktobertag schaute die Henne zum Fenster hinaus.
Da sah sie einen Apfelbaum in ihrem Garten.
„Merkwürdig", sagte die Henne. „Ich weiß genau,
dass an dieser Stelle bisher nie ein Baum gestanden hat."
„Manche wachsen eben schnell", antwortete der Baum.

Die Henne ließ ihren Blick an seinem Stamm hinabgleiten.
„Ich habe noch nie einen Baum mit zehn pelzigen Zehen
gesehen", sagte sie.
„Einige von uns sind so", sagte der Baum. „Komm lieber heraus, Henne,
und genieße den kühlen Schatten meiner belaubten Zweige."

Die Henne schaute zum Wipfel des Baumes hinauf.
„Ich habe noch nie einen Baum mit zwei langen spitzen Ohren
gesehen", sagte sie.
„Manche von uns haben welche", sagte der Baum.
„Komm doch heraus, Henne, und iss einen meiner köstlichen Äpfel."

„Da fällt mir noch etwas auf", sagte die Henne.
„Ich habe noch nie von einem Baum gehört, der mit einem Mund
voll scharfer Zähne spricht."
„Manche von uns können das", erwiderte der Baum.
„Komm heraus, Henne, und lehne dich an meinen Stamm."

„Ich habe gehört, dass einige von euch Bäumen
zu dieser Jahreszeit alles Laub verlieren", sagte die Henne.
„O ja!", sagte der Baum. „Einige von uns tun das."

Er begann sich zu rütteln und zu schütteln
und stand plötzlich ohne Blätter da.

Die Henne war nicht überrascht, einen riesigen Wolf
an der Stelle zu sehen, wo eben noch ein Apfelbaum
gestanden hatte. Sie verriegelte Fenster und Türen.

Der Wolf erkannte, dass er überlistet worden war.
In hungrigem Zorn tobte er davon.

Arnold Lobel

An einem Oktobertag schaute die Henne
zum Fenster hinaus.

„Ich habe noch nie einen Baum
mit pelzigen Zehen gesehen."

„Manche von uns können das."

Ein Schlaumeier

Irgendwo an der Grenze erschien der Wastl
hoch zu Fahrrad mit einem großen Karton
am Gepäckträger bei der Zollkontrolle.
„Etwas zu verzollen?", fragte der Zöllner.
„Nein, nichts!"
„Was haben Sie im Karton?"
„Bloß Sand", sagte der Wastl, „den bring' ich
dem Maler für seine Kinder zum Spielen."
„Aufmachen!", sagte der Zöllner.
Aber es war nur Sand.
„Fahren Sie weiter",
sagte der Zöllner ärgerlich,
„den Sand brauchen Sie
nicht zu verzollen!"

Am nächsten Tag kam
der Wastl wieder angeradelt,
mit einem Karton Sand
für die Kinder.
Er musste absteigen,
der Sand wurde durchsucht.
Nichts. Er durfte weiterfahren.

Doch als er am dritten Tag
wiederkam,
eilten gleich fünf Mann herbei.

Der Karton wurde ausgeleert, jedes Körnchen beguckt.
Nichts wurde gefunden.
Verärgert beförderten die Beamten den Sand
wieder in den Karton.

Von da an konnte der Wastl ungehindert, Tag für Tag,
Woche für Woche, mit dem Sand für die Kinder
vom Maler über die Grenze radeln.
Er hatte seinen Frieden, obwohl ihm die Zöllner
nicht trauten. Verzweifelt dachten die Zollbeamten nach,
was wohl der Wastl über die Grenze bringen könnte.

Eines Tages traf ein Zöllner den Wastl schon leicht
angeheitert beim Wirt. Er trank weiter mit ihm
auf gute Freundschaft und fragte ihn ganz vertraulich:
„Sag mal, Wastl, ich verrat' dich nicht,
und es passiert dir auch nichts,
was schmuggelst du eigentlich?"
Da lachte der Wastl in seinem Rausch:
„Ja, seid ihr da nicht drauf gekommen?
Fahrräder natürlich, heute hab' ich das letzte Stück
auf die andere Seite geradelt."

M. Taborsky

Mäuse im Kornfeld

Goldgelben Weizen fraß die Maus,
suchte die dicksten Körner aus.

Blieb nicht allein, ein Mäuserich
sprach: „Wo du hingehst, fress' auch ich."

Da stand der Kater schon bereit,
störte das Mäusemahl zu zweit.

Lang blieb der Kater nicht allein,
bald schlich ein Fuchs ins Feld hinein.

Jagte den Kater fort, und dann
kam ein ganz großes Tier heran.

Das war ein dicker, brauner Bär,
kam aus dem Zirkus grad' hierher.

Da wurd' dem Fuchs ganz angst und bang,
rannte davon, den Feldweg lang.

Über den Feldweg, durch das Gras
tanzte der Bär und hatte Spaß.

Bis der Dompteur vom Zirkus kam,
ihn wieder mit nach Hause nahm.

Fort sind sie, dachte da die Maus,
kam wieder aus dem Mausloch raus.

Immer mehr Mäuse tauchten auf,
füllten mit Weizen ihren Bauch.

Klaus W. Hoffmann

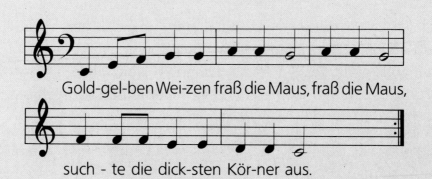

Gold-gel-ben Wei-zen fraß die Maus, fraß die Maus,

such - te die dick-sten Kör-ner aus.

Die Wassernixe

Ein Brüderchen und ein Schwesterchen spielten an einem Brunnen.
Und wie sie so spielten, plumpsten sie beide hinein.
Unten im Brunnen ist eine Wassernixe, die spricht: „Jetzt hab' ich euch.
Jetzt sollt ihr mir brav arbeiten", und zieht sie mit sich fort.

Das Schwesterchen muss ganz zerzausten Flachs spinnen
und Wasser in ein hohles Fass schleppen.
Das Brüderchen soll einen Baum mit einer stumpfen Hacke umhauen.
Und nichts zu essen bekommen sie als steinhartes Brot.

Eines Sonntags geht die Nixe in die Kirche. Da laufen die Kinder davon.
Als die Kirche aus ist und die Nixe sieht, dass die beiden fortgelaufen sind,
rennt sie ihnen mit großen Sprüngen nach.
Die Kinder sehen sie schon von weitem kommen.

Da wirft das Schwesterchen schnell eine Bürste hinter sich.
Und auf einmal steht da ein großer Bürstenberg mit tausend mal tausend
Stacheln. Über den muss jetzt die Nixe mit großer Mühe klettern.
Endlich kommt sie darüber.

Als die Kinder das sehen, wirft das Brüderchen schnell einen Kamm
hinter sich. Und auf einmal steht da ein großer Kammberg mit tausend
mal tausend Zinken. Aber die Nixe kann sich an den Zinken festhalten
und kommt auch darüber.

Da wirft das Schwesterchen schnell einen Spiegel hinter sich.
Und auf einmal steht da ein großer Spiegelberg, der ist so glatt,
dass die Nixe nicht darüber kann. Da denkt sie: „Ich will geschwind
nach Haus laufen und meine Hacke holen und den Spiegelberg zerhauen."

Als sie aber wiederkam und das Glas zerhauen hat, waren die Kinder
längst weit fortgelaufen. Und die Wassernixe musste sich wieder
in ihren Brunnen trollen.

Jacob und Wilhelm Grimm

Brüderchen und Schwesterchen spielten am Brunnen.

Beide plumpsten hinein  und wurden von der Wassernixe gefangen.

Sie mussten viel arbeiten   und bekamen wenig zu essen.

Als die Nixe in der Kirche war, liefen die beiden davon.

Bürstenberg

Kammberg

Spiegelberg

Die Kinder waren davongelaufen,
die Nixe musste sich in ihren Brunnen trollen.

Der Frosch

Im Frühjahr scheiden die Froschweibchen einen großen
Laichballen aus, der mehrere tausend Eier enthält.
Eine gallertartige Masse umgibt diese Eier, um sie
vor Beschädigung zu schützen. Aus jedem Ei könnte
ein Frosch werden. Doch dazu kommt es nicht,
denn die Fische fressen Froscheier sehr gern.
So bleiben nur wenige übrig, aus denen sich dann
die Frösche entwickeln.

Durch Teilung der Zellen entstehen Kaulquappen,
die erst heranwachsen und sich verändern müssen;
sie ähneln den späteren Fröschen noch nicht.
Kaulquappen atmen mit Kiemen und über die Haut. Sie ernähren sich
von Algen, abgestorbenen Pflanzen- und Tierresten.
Sie leben wie Fische. Kaulquappen haben einen langen,
dünnen Schwanz und einen dicken, runden Kopf.
Sie bewegen sich durch das Schlängeln des Schwanzes;
später wachsen dann Hinterbeine, die die Bewegung unterstützen.

Ungefähr 30 Tage, nachdem die Kaulquappen aus der Eihülle
geschlüpft sind, beginnen die Vorderbeine zu wachsen,
und der Mund wird breiter. Es haben sich Lungen gebildet,
mit denen die Tiere nun atmen. Der Schwanz hat sich
fast völlig zurückgebildet, die kleinen Frösche sind nun 2 cm groß.

Diese Entwicklung dauert zwei bis drei Monate;
ausgewachsen sind die Frösche aber erst mit drei Jahren.
Sie ernähren sich hauptsächlich von Insekten, wie Mücken, Fliegen
oder Käfer. Die fangen sie mit ihrer klebrigen Zunge.

nach Helmut Schreier

Zu Texten schreiben

Manchmal wär' ich gern ein Sultan.
Mit meinem fliegenden Teppich
schwebe ich übers Morgenland.
Es ist ein Wunderteppich,
und wenn ich dreimal runter
auf die Erde spucke, dreht er sich um,
und man sieht alles verkehrt herum.
Die Wolken sind dann unter mir,
und die Stadt ist über mir.
Ich muss aufpassen, dass ich nicht
zu hoch an die Türme fliege,
sonst reißt es mir den Turban vom Kopf.

Erhard Dietl

Mein fliegender Teppich

Eines Tages saß ich in meinem Zimmer
auf meinem kleinen Teppich. Plötzlich begann er
sich vom Boden zu erheben und schwebte
ganz langsam mit mir zum offenen Fenster hinaus.
Schon waren wir über den Häusern. Ich sah noch,
wie meine Mutter im Hof die Hände zum Himmel streckte
und ängstlich rief: „Bettina, um Himmels willen,
wohin fliegst du?"
Aber die Häuser, Bäume und Autos wurden immer kleiner.
Vor mir sah ich schon die Berge auftauchen
und in der Ferne das Meer.
Einige große Vögel zogen etwas verwundert...

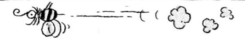

Manchmal wär' ich gern ein Erfinder.
Ich erfinde dann...

   einen Wunderfüller

 ein Schönwetterbarometer

     ein...

Heut' wanderte durch unsere Stadt
ein großes, keckes Zeitungsblatt,
mir selbst ist es begegnet.

Herab die Straße im Galopp
kam es gelaufen, hopp, hopp, hopp,
von weitem mir entgegen.

Allmählich wurd' es müd'. Es kroch,
es schlurfte nur, es schlich nur noch.
Und legte still sich nieder.

Da lag's, wie eine Flunder platt.
Dann aber tat das Zeitungsblatt
ganz plötzlich einen Sprung.

Stieg steil empor in kühnem Flug,
wobei es ein paar Saltos schlug,
und landete dann wieder.

Da saß es nun und duckte sich.
Jetzt krieg' ich dich! – Doch es entwich
mit tausend Purzelbäumen.

Josef Guggenmos

Mond
Baum
Abendruh

Mond
Traum
Augen zu

Mond
Wolke
Silberlicht

Mond
Mond
Rede nicht

Max Kruse

Ich hatte einen

TRAUM,

einen wunderbaren Traum
von einem wunderschönen

BAUM.

Drauf saß ein kleines Tier,
ein weiches, weißes Tier,

das träumte von mir...

Martin Auer

41

Gewitter

Der Himmel ist blau.
Der Himmel wird grau.

Wind fegt herbei,

Vogelgeschrei.

Wolken fast schwarz.
Lauf, weiße Katz'!

Blitz durch die Stille,

Donnergebrülle.

Zwei Tropfen im Staub,
dann Prasseln auf Laub. ✳

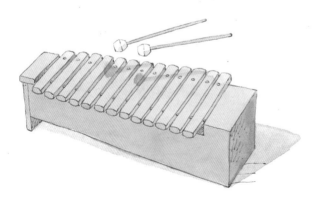

Regenwand,
verschwommenes Land.

Blitze tollen,

Donner rollen.

Es plitschert und platscht,

es trommelt und klatscht,

es rauscht und klopft,
es braust und tropft.

Eine Stunde lang,
herrlich bang.

Dann Donner schon fern,

kaum noch zu hör'n.
Regen ganz fein,

Luft frisch und rein,
Himmel noch grau,
Himmel bald blau!

Erwin Moser

Meine Schatzkiste

Die Geschichte von Joris Floris

In einem Zimmerchen unterm Dach hatte Joris Floris seine Sammlung.
Das kam so: Eines Tages hatte er Lust, irgendetwas zu sammeln,
aber er wusste nicht was. Er fing an mit Bildern von berühmten Menschen,
aber die fand er nicht so witzig.

Dann wollte er kleine Autos sammeln,

aber die musste er kaufen,
und das war zu teuer.

Danach dachte er an dreieckige Briefmarken,
aber die konnte er nirgends entdecken,
obwohl er ganz sicher war, dass es sie gab.

Danach fing er mit kleinen Tierchen an,

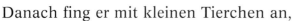
aber die gingen ihm ein.

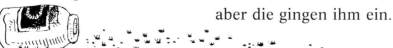

Danach dachte er an Ansichtskarten
mit Hunden darauf,
aber niemand schickte ihm so eine Karte.

44

Schließlich hatte Joris Floris sich entschlossen, alles zu sammeln,
was er selbst besonders fand. Und wenn jemand sagen würde:
„Was du besonders findest, finde ich ganz gewöhnlich",
dann würde er antworten: „Ich finde es besonders, und das reicht."

Er hatte inzwischen alles Mögliche gesammelt,
zum Beispiel:

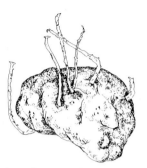

eine besondere Kartoffel,

einen besonderen
Schmetterling,

ein besonders schlodderiges
Stück Papier,

eine besondere
Muschel,

besondere
Buchstaben,

etwas besonders Wissenswertes,

ein besonders weiches Stückchen Stoff.

Joke van Leeuwen

Wir sammeln Steine

Wenn du Steine sammeln möchtest, fängst du am besten
mit normalem Gestein an, mit Steinen aus Sand oder Kalk,
Granit, Gneis oder Quarz.

Besonders lohnenswert ist es, an Flüssen zu sammeln.
Im Oberlauf eines Flusses sind die Steine im Flussbett
noch eckig und scharfkantig.
Talabwärts werden die Ecken flacher,
die Form insgesamt runder.
Die Steine stoßen mit anderen zusammen,
scharfe Ecken brechen ab.
An der Flusssohle reiben sie sich
und werden immer mehr abgeschliffen.

Steine gibt es fast überall – vor allem natürlich im Gebirge.
Aber auch im Flachland findest du Steine
in Wäldern, Äckern und Gärten.

Wenn du genauer wissen möchtest,
was für einen Stein du gefunden hast und woher er kommt,
solltest du dir in einer Bücherei oder einer Buchhandlung
ein Sachbuch über Gesteine besorgen.

nach Walter Schumann

Spiel mit Steinen

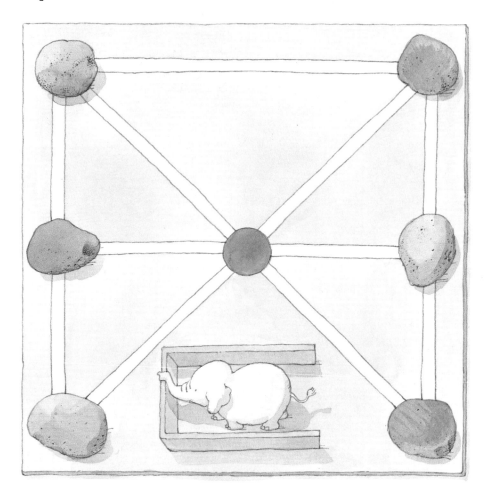

Zeichne den Spielplan auf ein Blatt Papier
und klebe ihn auf einen Karton.
Bemale drei flache Steine so, dass sie ähnlich aussehen.
Suche dir ein anderes Kind. Es braucht auch drei Spielsteine.
Alle sechs Steine werden zu Beginn wie auf dem Spielplan
gesetzt. Ein Kind beginnt und schiebt seinen Stein
auf die freie Mitte. Das andere Kind schiebt seinen Stein
auf den frei gewordenen Platz.
Nun ziehen beide abwechselnd, bis ein Kind nicht mehr
weiterspielen kann.

Zwölf Schubladen

Es gingen drei Kinder
durch den Wald.
Die Kinder waren jung,
der Wald war alt.

Da haben die drei
unter Fichten versteckt
ein steinernes
uraltes Haus entdeckt.

Sie klopften an.
Kein Mensch rief herein.
Da fassten sie Mut
und traten doch ein.

Sie blickten sich
in der Stube um.
Da sahen sie stehen,
verstaubt und stumm:

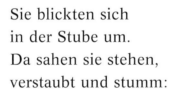

Eine uralte Uhr,
eine uralte Bank,
einen uralten Tisch,
einen uralten Schrank.

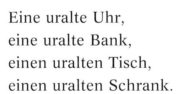

Der Schrank war
wie der Himmel blau
und hatte Schubladen,
zwölf genau.

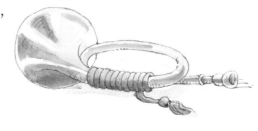

In der ersten lag ein gläserner Ball,

in der zweiten ein Posthorn aus gelbem Metall.

In der dritten ein Männlein aus Elfenbein,

in der vierten ein Ring mit grünem Stein.

In der fünften lag ein vertrockneter Strauß,

aus der sechsten sprang eine silbrige Maus.

In der siebten lag ein zerbrochener Krug,

in der achten ein Bild: braune Adler im Flug.

In der neunten lag ein Gewicht aus Blei,

die zehnte war voll von Allerlei.

In der elften lag ein Seidentuch,

in der zwölften ruhte ein uraltes Buch.

Auf dem Buch stand geschrieben:
Nimm und lies!
Sie schlugen das Buch auf,
da lasen sie dies:

Es gingen drei Kinder...

Josef Guggenmos

49

Du und ich

Du bist anders als ich,
ich bin anders als du.
Gehen wir aufeinander zu,
schauen uns an,
erzählen uns dann,
was du gut kannst, was ich nicht kann,
was ich so treibe, was du so machst,
worüber du weinst, worüber du lachst,
ob du Angst spürst bei Nacht,
welche Sorgen ich trag',
welche Wünsche du hast,
welche Farben ich mag,
was traurig mich stimmt,
was Freude mir bringt,
wie wer was bei euch kocht,
wer was wie bei uns singt…

Und plötzlich erkennen wir –
waren wir blind? –,
dass wir innen uns
äußerst ähnlich sind.

Karlhans Frank

Möglichkeiten

Du kannst mit deinen Worten
andere Menschen trösten
oder
sie verletzen.

Du kannst mit deinen Beinen
andere Menschen treten
oder
auf sie zugehen.

Du kannst mit deinen Armen
andere Menschen halten
oder
nur die Ellenbogen benützen.

Du kannst mit deinen Händen
andere Menschen schlagen
oder
sie streicheln.

Du kannst!   *Manfred Mai*

Ich lerne kochen

Als ich am Dienstag vom Fußballspielen (verloren!)
nach Hause kam, merkte ich,
dass ich meinen Schlüssel vergessen hatte.
Auch das noch! Ich setzte mich auf die Treppe
und wartete. Ich wusste, dass lange niemand kommen würde.

Aber dann kam doch jemand.
Es war Frau Johannsen, die zwei Stockwerke
über uns wohnt.
„Warum sitzt du denn auf der kalten Treppe?"
„Ich hab' meinen Schlüssel vergessen", brummte ich.
„Komm doch mit zu mir rauf und warte dort.
Ich heiße Svea. Und du bist der Linus ..."
„Ja, Linus Nilsson", sagte ich.

Oben bei Svea war es schön. Sie hat viele Sachen
zum Angucken. Am längsten betrachtete ich eine Flasche
mit einem kleinen Boot darin.
„Das ist das Schiff, auf dem wir gearbeitet haben,
mein Acke und ich", sagte Svea. „Ich war Köchin, und Acke
hat an Deck gearbeitet."
„Wo ist Acke denn jetzt?", fragte ich.
„Er ist in einem Sturm über Bord gespült worden",
antwortete sie. „So hat er ausgesehen, mein seliger Acke."
Svea zeigte auf ein Foto neben dem Flaschenschiff.

Wie traurig, dachte ich. Arme Svea, hoffentlich fängt sie jetzt
nicht an zu weinen, wenn sie an Acke denkt.
Aber sie fragte nur: „Hast du Hunger, Linus?
Schau mal nach, was es im Kühlschrank gibt."
„Hier sind nur Kartoffeln!"
„Wie schön", sagte Svea. „Damit kann man ein Fest feiern."

Was wir mit den Kartoffeln gemacht haben

Als Erstes schälte Svea vier ziemlich große Kartoffeln.
Dann rieb ich sie auf einer Reibe,
auf der Seite mit den größten Löchern.
Dabei musste ich auf meine Finger Acht geben.
Das letzte kleine Stück ließ ich übrig. Das aß ich auf.
(Rohe Kartoffeln schmecken gar nicht so schlecht!)

Als sie alle gerieben waren, legte Svea eine doppelte Schicht
Haushaltspapier darüber und drückte den Saft
aus den Kartoffeln heraus.
Svea hat eine richtig schöne kleine Bratpfanne.
Die stellte sie auf die Herdplatte und tat einen Klacks Butter hinein.
Als sie geschmolzen war und aufgehört hatte zu zischen,
schütteten wir die geriebenen Kartoffeln in die Pfanne.
Wir streuten ein bisschen Salz darüber, und dann zerbröselten wir
ein Gewürz, das Basilikum heißt.

„Jetzt müssen wir die Temperatur runterschalten",
sagte Svea, „sonst brennt das Ganze an."
Die geriebenen Kartoffeln mussten ungefähr
fünf Minuten braten. Dann drehten wir (besser: Svea)
den „Kuchen" mit einem Bratenwender um.
Auf die andere Seite streuten wir auch Salz und Basilikum.
Wie gut das schmeckte!

Christina Björk / Lena Anderson

Karlsson vom Dach

In Stockholm, in einer ganz gewöhnlichen Straße,
in einem ganz gewöhnlichen Haus wohnt
eine ganz gewöhnliche Familie, und die heißt Svantesson.
Dazu gehören ein ganz gewöhnlicher Papa
und eine ganz gewöhnliche Mama und drei
ganz gewöhnliche Kinder, Birger, Betty und Lillebror.

„Ich bin überhaupt kein gewöhnlicher Lillebror", sagt Lillebror.
Aber das stimmt nicht. Er ist wirklich ein ganz gewöhnlicher Junge.
Es gibt so viele Jungen, die sieben Jahre alt sind
und blaue Augen haben und eine Stupsnase
und ungewaschene Ohren und zerrissene Hosen.
Lillebror ist also ein ganz und gar gewöhnlicher Junge, das steht fest.

Birger ist fünfzehn Jahre alt und spielt Fußball
und kommt in der Schule schlecht mit.
Er ist also auch ein ganz gewöhnlicher Junge.
Und Betty ist vierzehn und trägt ihr Haar in einem Pferdeschwanz,
genau wie andere ganz gewöhnliche Mädchen.

Außergewöhnlich in diesem Haus ist nur einer,
und das ist Karlsson vom Dach. Er wohnt oben auf dem Dach,
der Karlsson, und schon das ist ja etwas recht Außergewöhnliches.
Es mag in anderen Gegenden der Welt anders sein,
aber in Stockholm kommt es fast nie vor, dass jemand
in einem besonderen kleinen Haus wohnt,
welches oben auf dem Dach steht. Das aber tut Karlsson.

Er ist ein sehr kleiner und sehr rundlicher
und sehr selbstbewusster Herr, und er kann fliegen.
Mit Flugzeugen und Hubschraubern können alle Menschen fliegen,
aber es gibt niemand, der ganz allein fliegen kann,
außer Karlsson. Er dreht bloß an einem Knopf,
der ungefähr mitten vor seinem Nabel sitzt, und wips –
springt ein winzig kleiner Motor an, den er auf seinem Rücken hat.

Während der Motor anläuft, steht Karlsson eine Weile still.
Und dann, wenn der Motor genügend auf Touren gekommen ist,
steigt Karlsson auf und schwebt so fein und würdevoll dahin
wie ein Bürovorsteher – falls man sich einen Bürovorsteher
mit einem Motor auf dem Rücken vorstellen kann.

Es war ein heller, schöner Frühlingsabend,
und das Fenster stand offen.
Die weißen Gardinen wehten
sacht hin und her, als ob sie
den kleinen blassen Sternen
dort oben am Frühlingshimmel zuwinkten.
Lillebror stellte sich ans Fenster und schaute
hinaus. Er dachte an den hübschen Hund
und malte sich aus, was der wohl jetzt machte.
Vielleicht lag er in einem Hundekorb
irgendwo in einer Küche,
vielleicht saß ein Junge
– nicht Lillebror, sondern
ein anderer Junge –
auf dem Fußboden neben ihm
und streichelte seinen struppigen Kopf
und sagte: „Fiffi, du bist ein feiner Hund."
Lillebror seufzte tief. Da hörte er ein leises Brummen.

Das Brummen wurde lauter, und ehe er sich's versah,
kam ein kleiner dicker Mann langsam ans Fenster geflogen.
Das war Karlsson vom Dach, aber das wusste Lillebror ja noch nicht.
Karlsson warf nur einen langen Blick auf Lillebror,
und dann segelte er weiter. Er machte eine kleine Runde
über dem Hausdach gegenüber, umflog einmal den Schornstein
und steuerte dann wieder auf Lillebrors Fenster zu.
Jetzt hatte er die Geschwindigkeit erhöht
und zischte an Lillebror vorbei fast wie ein kleiner Düsenjäger.
Mehrmals zischte er vorbei, und Lillebror stand nur stumm da

und wartete und fühlte, wie es ihm im Magen kribbelte vor Aufregung,
denn es kommt ja nicht alle Tage vor, dass kleine dicke Männer
am Fenster vorbeifliegen. Schließlich verlangsamte Karlsson
dicht vor dem Fenster die Fahrt.

„Heißa hopsa", sagte er. „Darf man sich hier
ein wenig niederlassen?"
„Ja, bitte sehr", sagte Lillebror. „Ist es nicht schwer,
so zu fliegen?"
„Für mich nicht", sagte Karlsson und warf sich in die Brust.
„Für mich ist es überhaupt nicht schwer.
Ich bin nämlich der beste Kunstflieger der Welt.
Ich möchte aber nicht jedem x-beliebigen Strohkopf raten,
es nachzumachen."

Astrid Lindgren

Es war so :
Ich glaubte nicht, dass Märchen wahr würden.
Doch eines Tages sah ich aus dem Fenster.
Ich traute meinen Augen nicht.
Doch meine Augen sahen richtig.
Auf einmal sah ich einen fliegenden Menschen.
Doch da fiel mir die Geschichte vom fliegenden
Karlsson ein.
Ich rief ihm zu, er guckte sich um
und sah mich dabei. Willst du mit mir fliegen?
Ja, er nahm mich unter den Arm,
und ich erlebte eine wunderschöne Reise.

Bernd

56

Pizza und Oskar

Pizza ist ein rundliches Mädchen.
Im Zoo lernt sie den kleinen Elefanten Oskar kennen.
Die beiden werden Freunde und beschließen:
„Wir suchen ... Afrika."

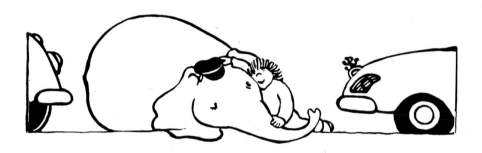

Sie gingen los. „Alles zu Fuß", stöhnte Oskar.
„Willst du nun nach Afrika oder nicht, hm, du Nörgelfant?"
„Schon gut, schon gut, will ja."
Es war kaum noch jemand in der dunklen Stadt unterwegs.
Pizza hakte sich an Oskars Rüssel unter.
So gingen der kleine, mit Mütze verkleidete Elefant
und das Mädchen immer weiter nach Süden.

Ohne Oskar hätte sich Pizza ziemlich allein gefühlt.
Mit ihm fühlte sie sich sehr zu zweit.
Und das ist viel besser als allein.
„Ich möcht' auf dir reiten", wünschte sich Pizza.
Oskar ging in die Knie. Sie kletterte auf seine Schulter
und setzte sich zurecht.

Von oben herab fragte Pizza später:
„Sind deine Füße schon ganz ganz müde?"
„Ne, noch nicht. Aber schon fast ganz."
„Dann sind wir auch schon fast an der Grenze
und am großen Wasser", sagte Pizza.
Und sie gingen durch die Dunkelheit.
Pizza und Oskar.

Pizza auf dem großen Schaukelrücken von Oskar.
Er schaukelte weiter und weiter nach Süden.

„Möchte auch mal von dir getragen werden",
wünschte sich Oskar.
„Kann ich ja mal probieren", sagte Pizza und lachte.
Der kleine Elefant kicherte mit.
Er stellte sich vor: Pizza trägt Oskar.
Er soll nicht die ganze Zeit merken, dass er mich schleppt,
dachte Pizza. Muss ihn davon ablenken.
Sonst setzt er mich runter.

Deswegen flüsterte sie ihm was Schönes in seine großen Ohren.
Erzählen ist nämlich besser als selber gehen,
dachte sie. Und Afrika ist das Schönste für Oskar.
Immer wieder erzählte sie ihm was von Afrika.
Abwechselnd ins rechte und ins linke große Ohr.
Und dass es mit Freund in der Dunkelheit
und überhaupt immer viel viel besser ist,
sagte sie ihm auch.

Oskars Füße waren jetzt schon ganz müde.
„Aber ganz ganz müde sind sie noch nicht ganz",
sagte Oskar.

Achim Bröger

Pizza und Oskar
von Achim Bröger

Der kleine Herr Jakob

Hans Jürgen Press

Emmie

„Ich hab eine Überraschung für dich", sagt Ellie.

Sie sieht Jonathan vielsagend an.

„Was denn?", fragt Jonathan.

„Geh mal in der Küche gucken."

Jonathan geht in die Küche. Er sucht auf der Anrichte.

Er sucht auf dem Küchentisch. Aber er kann nichts entdecken.

„Auch auf dem Fußboden gucken und unter dem Tisch",

ruft Ellie aus dem Wohnzimmer.

Auf dem Fußboden? Unter dem Tisch?

Wer stellt denn eine Überraschung unter den Tisch?

Jonathan kriecht auf allen vieren über den Boden.

Er guckt unter den Tisch. Er sucht den ganzen Boden ab.

„Ich sehe nichts", schreit er böse. „Willst du mich veräppeln?"

„Nein, nein", ruft Ellie zurück. „Hast du schon unter der Spüle geguckt?"

„Jaa!", brummt Jonathan. „Unter der Spüle. Sie weiß wohl

selbst nicht, wo sie ihre Überraschung gelassen hat.

Das muss ja eine tolle Überraschung sein."

Er guckt unter die Spüle. Da steht der Geschirrständer. Sonst nichts.
Er springt verärgert auf. Er will schon losschimpfen,
da stutzt er plötzlich. War da nicht irgendetwas
mit dem Geschirrständer? Es war fast so, als hätte er ihn angesehen!
Ein Geschirrständer mit Augen! Er bückt sich und guckt noch mal
genau hin. Tatsächlich, Augen! Aber die sind hinter dem Geschirrständer.

Jonathan zuckt leicht zusammen. „Es ist ein Kätzchen", flüstert er dann.
Er schiebt den Geschirrständer vorsichtig zur Seite.
Er hebt das Kätzchen hoch und trägt es ins Wohnzimmer.
„Ein Kätzchen", sagt er ungläubig.
„Ja, ein Kätzchen", sagt Ellie. „Das ist die Überraschung. Gefällt es dir?"
„Heißt das, dass ich es behalten darf?", fragt Jonathan.
„Natürlich", sagt Ellie. „Das heißt es."
„Aber", sagt Jonathan, „aber du magst doch überhaupt keine Katzen?"
„Nein", sagt Ellie. „Aber du."

Jonathan ist überwältigt. Das Kätzchen schnurrt.
Es fühlt sich warm an, durch Jonathans Pullover hindurch.
„Ich hab' ein Körbchen gekauft. Es steht in deinem Zimmer", sagt Ellie.
„Wie schön es ist", sagt Jonathan. „Ich hab' noch nie
so ein schönes Kätzchen gesehen. Wie heißt es eigentlich?"
„Es hat noch keinen Namen. Du musst dir einen ausdenken."
„Hm", sagt Jonathan. „Es heißt Emmie."
„Emmie? Warum Emmie?"
„Weiß nicht", sagt Jonathan. „Es ist ein schöner Name."

Er dreht sich um. Er will Emmie ihr Körbchen zeigen.
Oben an der Treppe bleibt er stehen. „Danke, Mama", ruft er.
„Hauptsache, du versorgst es gut", ruft Ellie zurück.

Guus Kuijer

Ich fühle mich wie Apfelmus
von Guus Kuijer

Die Bachstelze

„Schnell! Schnell!", schrie Irena. „Der Blue hat einen Vogel
in der Schnauze!"
Die Mutter rannte aus der Küche heraus.
Da ließ der Kater Blue vor Schreck
seine Beute los.
„Er ist verletzt!", kreischte Irena. „Der arme Vogel!
Mach was!"
Als die Mutter das Geschirrtuch über den Vogel
warf, ging der Kater gelangweilt weg.
Er musste sich nach einem neuen Spiel umsehen.
„Hol den Vogelkäfig aus dem Keller", sagte die Mutter.
„Es ist eine Bachstelze", erklärte sie Irena.

Eigentlich lebten die Bachstelzen da, wo der kleine Tümpel war.
Manchmal tippelten sie über die Straße, piepsten etwas, das wie
„zipp" klang, und wippten mit dem langen Schwanz auf und ab.

Irena streute Sand auf den Boden des Vogelkäfigs
und füllte das Wassernäpfchen.
„Gehen wir Futter kaufen?", fragte sie.
„Ja", sagte die Mutter. „Aber mach dir nicht zu große Hoffnungen.
Du weißt ja, wenn eine Katze einen Vogel gehabt hat,
stirbt er meistens. Dem hier ist zumindest der Flügel
angebrochen."
„Der Blue ist gemein!", sagte Irena.
„Nein", sagte die Mutter, „der Blue ist eine Katze.
Viele Lebewesen existieren, indem sie andere töten."
Sie hängten den Käfig mit der Bachstelze hoch an der Hauswand auf.
„Sie lebt noch!", schrie Irena am anderen Morgen
um sechs aus dem Garten ins Haus.
Und die Bachstelze lebte auch am Abend noch
und am nächsten Tag. Sie zwitscherte ihr „Zipp, zipp",
pickte Insektenfutter und sah munter aus.
Nur der Flügel schien noch nicht in Ordnung zu sein.

Bevor die Mutter mit Irena für einen Tag
in die Nachbarstadt fuhr, kam die Oma ins Haus.
„Hier ist das Vogelfutter", erklärten sie ihr,
„und der Blue kriegt Rinderleber."

Die Oma machte alles richtig. Gegen Abend wollte sie
das Wasser im Vogelkäfig noch erneuern.
Sie öffnete das Gittertürchen, und – husch,
war die Bachstelze draußen! Sie flatterte
schräg und tief über die Wiese dahin und landete.
„Warte!", rief die Oma und rannte hinterher.
Aber der Vogel startete wieder, unsicher noch,
mit zu viel Flügelschlag flog er hoch bis in den Kirschbaum.

Drei Minuten später kam Irena mit der Mutter nach Hause.
Die Oma saß auf dem untersten Ast des Kirschbaumes
und sah sehr verzweifelt aus.
Die Bachstelze guckte vom Wipfel auf sie herab.
„Fang sie!", schrie Irena. „Sie kann doch noch nicht fliegen!"

„Psst!", sagte die Mutter. „Schau!"
Da hob sich die Bachstelze hoch in die Luft,
flatterte noch ein wenig und zog dann davon,
seltsam schief zwar mit ihrem schlecht verwachsenen Flügel,
aber weit auf den dunkelblauen Abendhimmel zu,
über die Nachbarhäuser hinweg, irgendwohin in die Ferne.

Gina Ruck-Pauquèt

Leselöwen-Tiergeschichten
von Gina Ruck-Pauquèt

Wie der Vogel gestorben ist

Neulich habe ich einen kranken Vogel gefunden.
Er konnte nicht mehr fliegen. Sein einer Flügel hing schlaff herunter
und blutete. Der Goribauer meinte, er hätte ihn sich
am elektrischen Draht abgerissen, und da sei nichts mehr
zu machen.

Das wollte ich aber nicht glauben. Es war so ein schöner Vogel
mit braunen, weißgetüpfelten Federn und einem ganz langen Schnabel.
So einen hab' ich nie zuvor gesehen.
Der Goribauer sagte: „Das ist eine Schnepfe."

Ich habe bei meiner Mutter darum gebettelt, dass wir mit dem Vogel
zum Tierarzt gehen, aber sie wollte nicht, weil der Goribauer gesagt hat,
das hätte keinen Zweck.
„Den Flügel kann man nicht mehr annähen. Er ist im Gelenk abgerissen",
hat er erklärt.
Meine Mutter sagte zu mir: „Sei doch vernünftig."
Wieso eigentlich vernünftig? Der Vogel schaute mich doch so an
mit seinen runden schwarzen Augen, und er zitterte.
Wenn ich ihn in der Hand hielt, hörte ich sein Herz rasend schnell schlagen.

Als die Großen sich nicht mehr darum kümmerten,
nahm ich den Vogel mit in unser Zimmer und setzte ihn
in eine Schachtel, die ich mit Blättern ausgelegt hatte.
Ich brachte ihm zu fressen.
Alles Mögliche brachte ich ihm, aber er fraß nicht.
Er legte seinen Kopf immer so müde auf seinen Rücken.

Am Abend entdeckte ihn meine Mutter.
„Er wird dir in der Schachtel sterben", sagte sie.
„Geh, setz ihn wieder aus. Am besten auf die Wiese,
wo du ihn gefunden hast."
Ich hatte Angst, dass er über Nacht in der Schachtel sterben könnte,
deshalb brachte ich ihn hinunter. An einem Gebüsch
machte ich ihm ein Nest aus Moos und setzte ihn hinein.

Bis ich ins Bett gehen musste, lief ich immer wieder hin
und schaute nach ihm.
Zuerst konnte ich gar nicht einschlafen,
weil ich an den Vogel denken musste,
aber dann schlief ich doch.

Am anderen Morgen bin ich gleich hinuntergelaufen zur Wiese,
aber das Nest war leer. Ich hab' überall herumgesucht,
und da fand ich den Vogel. Er hatte sich ein Stück weiter
ins Gebüsch verkrochen. Die Augen waren geschlossen,
und sein Körper schwankte ein bisschen.
Ich nahm ihn vorsichtig in beide Hände und redete leise mit ihm.
Da schlug er die Augen auf und schaute mich an.
Ich freute mich, dass er lebte, und ich versprach ihm,
dass ich ihn heimlich zum Tierarzt bringen würde.
„Du wirst gesund, Vogel", hab' ich zu ihm gesagt.

Plötzlich ist ein Zittern über sein Gefieder gelaufen.
Er hat die Augen wieder zugemacht,
und sein Kopf ist zur Seite gesunken.
Ganz still hat er in meinen Händen gelegen,
und da wusste ich, dass er tot war.
Später hat meine Mutter gefragt:
„Was ist wohl
aus dem Vogel geworden?"
Da musste ich weinen.
Aber ich habe nicht erzählt,
dass ich dabei war,
wie er gestorben ist.

Tilde Michels

Was ist gemeint?

Mein Witzbuch

Karli schreit Gerd an: „Du bist ein Kamel!"
Gerd schreit Karli an: „Und du bist ein noch größeres!"
Vater geht das Geschrei auf die Nerven. „Ihr habt anscheinend vergessen, dass ich auch noch im Zimmer bin."

Häschen geht zum Metzger.
„Hast du einen Schweinsfuß?"
„Ja", sagt der Metzger.
„Hast du einen Ochsenschwanz?"
„Ja", sagt der Metzger.
„Hast du eine Rinderzunge?"
„Ja", sagt der Metzger.
„Oh, was musst du komisch aussehen", lacht das Häschen.

„Ich möchte das grüne Kleid im Schaufenster anprobieren!"

„Bitte, meine Dame!
Aber wäre es nicht besser, wenn Sie in eine Umkleidekabine gingen?"

„Hallo, hier ist das Krankenhaus", meldet sich die Krankenschwester am Telefon.
„Entschuldigen Sie, ich bin falsch verbunden", meinte der Anrufer.
„Da müssen sie aber herkommen und das dem Arzt zeigen!", ist die Antwort.

Der Malerlehrling soll ein Fenster streichen. Nach einer Weile meldet er sich wieder beim Meister:
„So, das Fenster ist gestrichen, und welche Farbe soll der Rahmen haben?"

Der Herr:
„Wohin des Wegs, ihr Esel, ihr zwei?"
Die Esel:
„Wir gehn zur Mühle, am dritten vorbei."

Welcher Hase
hat kein Fell?

Welches Zeug
zieht man nicht an?

Welche Tasse
füllt man nicht?

Welchen Schirm
braucht man
nicht bei Regen?

Welcher Schuh
sitzt nicht am Fuß?

Welche Maus
kann fliegen?

Welche Birne
kann man nicht essen?

Welcher Nagel
ist nicht aus Eisen?

Welcher Stern
steht nicht am Himmel?

68

Welcher Kratzer
tut nicht weh?

Welchen Tisch
kann man essen?

Welcher Kopf
hat keine Augen?

Welcher Seher
sieht nichts?

Welche Beine
laufen nicht?

Welches Futter
mag kein Tier?

FLEDERMAUS MANTELFUTTER FERNSEHER SEESTERN WOLKENKRATZER FINGERNAGEL KOHLKOPF UNTERTASSE ANGSTHASE FLUGZEUG GLÜHBIRNE SONNENSCHIRM STUHLBEINE NACHTTISCH HANDSCHUH

69

Schreibst du mir?

Theodor, der Tintenfisch,
schreibt einen langen Brief an mich,
schreibt eine Karte an Herrn Wal,
schickt auch Post an einen Aal,
schreibt ein paar Zeilen an den Löwen,
gratuliert der Silbermöwe,
und dann noch auf die Schnelle
einen Gruß an Frau Gazelle.
Wird wohl auch dem Nilpferd schreiben
und sich so die Zeit vertreiben.
Tut er dir nicht richtig Leid,
sieben Briefe zur gleichen Zeit?

Detlef Kersten

Lieber Paul,

jeden Tag schaue ich in den Briefkasten.
Nie ist ein Brief von dir drinnen.
Warum schreibst du mir nicht?
Bist du krank?
Oder hast du mich schon vergessen?
Heute habe ich deine Oma wieder
bei der Milchfrau getroffen.
Sie glaubt nicht,
dass du krank bist. Sie hat gesagt:
„Ach wo! Der ist nur zu faul!"
Wenn du zum Schreiben zu faul bist,
schicke mir eine Kassette mit deiner Stimme.
Oder bist du zum Reden auch zu faul?
Wie ist es denn in der neuen Schule?
Sind die Kinder nett? Hast du
einen Lehrer oder eine Lehrerin?
Und wie schaut dein neues Zimmer aus?
Wenn ich nicht bald etwas von dir höre,
werde ich bitterböse auf dich.

Deine alte Freundin Susanna

Liebe Susi! Lieber Paul!
von Christine Nöstlinger

Popkorn kann zaubern

Der kleine Clown Popkorn soll nicht nur jonglieren
und Trompete blasen. Er soll auch lesen und schreiben lernen.
Also geht Popkorn in die Schule.
Aber auch dort macht er seine Späße.

Die Kinder müssen ihre Hausaufgaben zeigen.
Popkorns Heft ist leer.
„Wo sind deine Sätze, Popkorn?", fragt die Lehrerin.
„Hier", sagt Popkorn.
„Aber Popkorn!", ruft Frau Lohner.

„Mit Geheimtinte geschrieben", sagt der kleine Clown.
„Man muss das Heft nur auf den Heizkörper legen."
Frau Lohner legt Popkorns Heft auf die Heizung.
Jetzt kommt wie durch Zauberhand
eine bräunliche Schrift zum Vorschein.

„Klasse", sagt die Lehrerin und lacht.
„Wie hast du das denn gemacht?"
„Mit Zitronen- und Zwiebelsaft", sagt Popkorn.

Eveline Hasler

Der Buchstabenclown
von Eveline Hasler

Der Bleistift

Er wird immer kleiner –
ist er denn noch einer?

Zu Ende geschrieben –
ist gar nichts geblieben?

Mitnichten nichts, mitnichten –
nein, allerhand schöne Geschichten!

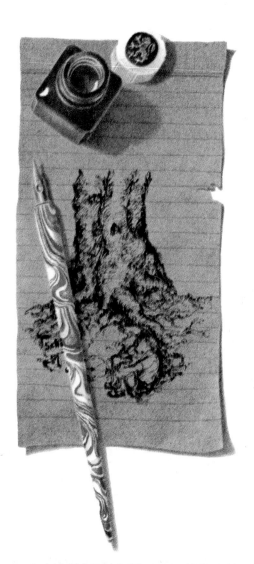

Hans Baumann

Bald ist Weihnachten

Adventskalender basteln

Das Adventsfenster
Teilt ein Fenster mit farbigem Klebeband in 24 Felder auf.
Jeden Tag könnt ihr abwechselnd ein Bild
oder eine kleine Adventsbastelei hineinkleben.
Am Heiligabend ist das Fenster dann schön geschmückt.

Der Adventsbaum

Ihr benötigt 24 Papprollen, etwa 5 cm lang.
Bemalt sie grün, und klebt sie
wie einen Tannenbaum übereinander.
Verschließt die Öffnungen
mit kleinen Kreisen,
auf die ihr die schön verzierten Zahlen
von 1–24 malt. Jede Rolle enthält
eine kleine Überraschung.

Der Vorlese-Kalender

Jeder von euch wählt sich ein Gedicht,
ein Lied oder eine kleine Weihnachts-
geschichte aus und schreibt sie auf
ein Blatt.
Verziert und bemalt euer Blatt, rollt es
dann mit rotem Seidenpapier wie eine
Kerze auf. Schlagt unten das Seidenpapier leicht ein. Bindet es oben mit
einem längeren Faden ab.
Klebt von beiden Seiten eine Kerzen-
flamme aus Goldpapier dagegen. Die
„Kerzen" könnt ihr an einen Tannen-
zweig hängen.
Jeden Tag wird eine „Kerze" abge-
schnitten und der Text vorgelesen.

Der heilige Nikolaus

Der heilige Nikolaus lebte vor langer Zeit,
nicht bei uns, sondern weit weg von hier,
als Bischof von Myra
in der heutigen Türkei.

Seine Eltern hatten ihn im Glauben
an Christus erzogen.
Sie starben und hinterließen Nikolaus
ein großes Vermögen.
Damit konnte er den Armen helfen.
Denn Nikolaus hatte ein gutes Herz.
Weil er Jesus lieb hatte,
liebte er die Menschen,
vor allem die, die in Not waren.

Er half den Matrosen auf See,
den Soldaten in der Burg,
den kleinen Jungen
und den armen Mädchen.
Weil Sankt Nikolaus vielen
Menschen aus der Not geholfen hat,
wird er auch „Nothelfer" genannt.
Er ist der besondere Schutzpatron
der Kinder und Schüler
und der Seeleute.

Zur Erinnerung an ihn feiern wir
jedes Jahr sein Fest.

Volksgut

76

Knecht Ruprecht

Von drauß' vom Walde komm' ich her;
ich muss euch sagen, es weihnachtet sehr!
Allüberall auf den Tannenspitzen
sah ich goldene Lichtlein sitzen;
und droben aus dem Himmelstor
sah mit großen Augen das Christkind hervor,
und wie ich so strolcht' durch den finsteren Tann,
da rief's mich mit heller Stimme an:

„Knecht Ruprecht", rief es, „alter Gesell,
hebe die Beine und spute dich schnell!
Die Kerzen fangen zu brennen an,
das Himmelstor ist aufgetan,
Alt' und Junge sollen nun
von der Jagd des Lebens einmal ruhn;
und morgen flieg ich hinab zur Erden,
denn es soll wieder Weihnachten werden!"

Ich sprach: „O lieber Herre Christ,
meine Reise fast zu Ende ist;
ich soll nur noch in diese Stadt,
wo's eitel gute Kinder hat."

„Hast' denn das Säcklein auch bei dir?"
Ich sprach: „Das Säcklein, das ist hier:
Denn Äpfel, Nuss und Mandelkern
essen fromme Kinder gern."
„Hast' denn die Rute auch bei dir?"
Ich sprach: „Die Rute, die ist hier:
Doch für die Kinder nur, die schlechten,
die trifft sie auf den Teil, den rechten."
Christkindlein sprach: „So ist es recht.
So geh mit Gott, mein treuer Knecht!"

Von drauß' vom Walde komm' ich her;
ich muss euch sagen, es weihnachtet sehr!
Nun sprecht, wie ich's hierinnen find!
Sind's gute Kind, sind's böse Kind?

Theodor Storm

Wir gehen zur Krippe

Kaspar: Ach, wie sind wir voll Verlangen
Melchior: weit gegangen,
Balthasar: weit gegangen.

Kaspar: Über Berge,
Melchior: tief im Tal,
Balthasar: durch die Wüste öd' und kahl,
Kaspar: Tag und Nacht auf schlechten Straßen.
Melchior: Unsere Füße sind voll Blasen.

Balthasar: Ach, wie war das Herz oft schwer,
alle drei: doch der Stern ging vor uns her.

Kaspar: Schrecklich knurrte oft der Magen.
Melchior: Räuber wollten uns erschlagen.

Balthasar: Löwen brüllten gar nicht fern,
alle drei: doch wir folgten unserm Stern,
Kaspar: der uns treu geleitet hat
            bis in diese schöne Stadt.
Melchior: In die Stadt Jerusalem,
Balthasar: wo die vielen Häuser stehn.

Kaspar: Wer mögen jene Leute sein?
            Eilig ziehn sie querfeldein.

1. Hirte: Hirten sind wir, arme Leute,
2. Hirte: viel geplagt und ohne Freude.
3. Hirte: Karg ist unser täglich Brot.
4. Hirte: Immer heißt es Müh' und Not.

Melchior: Arm seid ihr und unbekannt,
            alt und schlecht ist das Gewand.
            Und doch liegt es wie ein Licht
            hell auf eurem Angesicht.

5. Hirte:	Hell ist unser Angesicht,
6. Hirte:	angezündet ist ein Licht,
7. Hirte:	das in unsern Herzen brennt.
8. Hirte:	Endlich hat die Nacht ein End'.

Balthasar:	Was ist Großes euch geschehn?

9. Hirte:	Wir eilen, Gottes Sohn zu seh'n.
1. Hirte:	In dieser Nacht, hört, was geschah,
	stand jäh ein Engel vor uns da,
2. Hirte:	ein Engel, groß und ernst und schön.
3. Hirte:	Der sagte: Geht nach Bethlehem!
4. Hirte:	Gott ist als Kind herabgestiegen –
	in einer Krippe seht ihr's liegen.

Lied:	*Wir wandern zur Krippe …*

alle:	Durch Sonnenglut, durch Sturm und Regen
	gingen wir dem Kind entgegen.

Kaspar:	Wir gingen Tage, Nächte viel,
Melchior:	doch nicht umsonst: Wir sind am Ziel.
Balthasar:	Der Stern, dort steht er überm Stalle.

alle:	Weihnacht ist es für uns alle.

nach Josef Guggenmos

1. Wir wan - dern zur Krip - pe, wir wan - dern weit. Die
3. Und weht durch die Zei - ten ein kal - ter Wind, wir

Schluss

We - ge sind dun - kel, und hart ist die Zeit.
wan - dern zur Krip - pe, wir fin - den das Kind.

2. Doch ü - ber der Krip - pe, da brennt ein Licht.
Und ist der Weg dun - kel, er schreckt uns nicht.

Wünsche und Träume

Wo ich sein will, wo ich bin

„Warte!", sagt Janna.
Florian wartet.

„Weißt du was", sagt er. „Ich möchte in 'nem U-Boot sein.
Da könnte mich keiner aufhalten. Ich hätte es warm
und wäre für mich allein. Ganz tief im Meer würde ich fahren."

„Nee", sagt Janna, „das möchte ich nicht.
Auf einer ganz, ganz weiten Wiese möchte ich liegen,
die erst aufhört, wo der Himmel anfängt.
Mittendrin würde ich liegen.
Zwischen lauter Vergissmeinnicht."

„Pah!", sagt Florian und schiebt die Unterlippe vor.
„Da wüsste ich was Besseres!
Ein Baumhaus in einem dichten, dunklen Wald.
Ganz oben auf dem Wipfel einer Tanne.
Und der Wind tät' mich schaukeln."

„Da müsste ich mich fürchten", sagt Janna.
„In Afrika möchte ich sein, in der Wüste,
zwischen lauter wolligen, schnurrigen Löwenbabys."

„Und die Löwenmutter würde dich fressen", sagt Florian.
„Happ – in einem Kanu möchte ich sein", sagt er.
„Auf einem schmalen, stillen Fluss.
Unter den Zweigen der Bäume würd' ich dahingleiten."

„Nein", sagt Janna. „Ich weiß, was ich möchte!
In einer Gondel schweben.
Viele bunte Vögel rings um mich her.
Ganze Wolken von bunten Vögeln."

„In einer Höhle voller Edelsteine will ich sein", sagt Florian.
„Da glitzert und funkelt es ringsum.
Ich nehme meine Taschenlampe …"

„Ach was", sagt Janna. „Es ist hell, und die Sonne scheint.
Ich bin in einem Garten. Und auf allen Bäumen
sitzen Eichhörnchen, die Mundharmonika spielen."

„Wo ich bin, ist Nacht", sagt Florian.
„Da ziehen hell erleuchtete Raumschiffe
am Himmel entlang. In einem von ihnen sitze ich und …"

„Ihr seid mitten in der Stadt", sagt da ein Mann
hinter Janna und Florian.
„Ihr steht vor einer Ampel, die schon dreimal grün war.
Wann geht ihr endlich rüber?"

Gina Ruck-Pauquèt

Frederick

Rund um die Wiese herum, wo Kühe und Pferde grasten,
stand eine alte, alte Steinmauer. In dieser Mauer
– nahe bei Scheuer und Kornspeicher –
wohnte eine Familie schwatzhafter Feldmäuse.
Aber die Bauern waren weggezogen,
Scheuer und Kornspeicher standen leer.
Und weil es bald Winter wurde, begannen die kleinen Feldmäuse,
Körner, Nüsse, Weizen und Stroh zu sammeln.
Alle Mäuse arbeiteten Tag und Nacht. Alle – bis auf Frederick.

„Frederick, warum arbeitest du nicht?", fragten sie.
„Ich arbeite doch", sagte Frederick, „ich sammle Sonnenstrahlen
für die kalten, dunklen Wintertage."
Und als sie Frederick so dasitzen sahen, wie er auf die Wiese starrte,
sagten sie: „Und nun, Frederick, was machst du jetzt?"
„Ich sammle Farben", sagte er nur, „denn der Winter ist grau."
Und einmal sah es so aus, als sei Frederick halb eingeschlafen.
„Träumst du, Frederick?", fragten sie vorwurfsvoll.
„Aber nein", sagte er, „ich sammle Wörter. Es gibt viele lange Wintertage –
und dann wissen wir nicht mehr, worüber wir sprechen sollen."

Als nun der Winter kam und der erste Schnee fiel,
zogen sich die fünf kleinen Feldmäuse in ihr Versteck
zwischen den Steinen zurück.
In der ersten Zeit gab es noch viel zu essen,
und die Mäuse erzählten sich Geschichten
über singende Füchse und tanzende Katzen.
Da war die Mäusefamilie ganz glücklich!
Aber nach und nach waren fast alle Nüsse
und Beeren aufgeknabbert, das Stroh war alle,
und an Körner konnten sie sich
kaum noch erinnern. Es war auf einmal
sehr kalt zwischen den Steinen der alten
Mauer, und keiner wollte mehr sprechen.

Da fiel ihnen plötzlich ein, wie Frederick von Sonnenstrahlen,
Farben und Wörtern gesprochen hatte.
„Frederick!", riefen sie, „was machen deine Vorräte?"
„Macht die Augen zu", sagte Frederick und kletterte auf einen großen Stein.
„Jetzt schicke ich euch die Sonnenstrahlen. Fühlt ihr schon,
wie warm sie sind? Warm, schön und golden?"

Und während Frederick so von der Sonne erzählte,
wurde den vier kleinen Mäusen schon viel wärmer.
Ob das Fredericks Stimme gemacht hatte? Oder war es ein Zauber?
„Und was ist mit den Farben, Frederick?", fragten sie aufgeregt.

„Macht wieder eure Augen zu", sagte Frederick.
Und als er von blauen Kornblumen und
roten Mohnblumen im gelben Kornfeld und
von grünen Blättern am Beerenbusch erzählte,
da sahen sie die Farben so klar und deutlich vor sich,
als wären sie aufgemalt in ihren kleinen Mäuseköpfen.
„Und die Wörter, Frederick?"

Frederick räusperte sich, wartete einen Augenblick,
und dann sprach er wie von einer Bühne herab:

„Wer streut die Schneeflocken? Wer schmilzt das Eis?
Wer macht lautes Wetter? Wer macht es leis?
Wer bringt den Glücksklee im Juni heran?
Wer verdunkelt den Tag? Wer zündet die Mondlampe an?
Vier kleine Feldmäuse wie du und ich
wohnen im Himmel und denken an dich.

Die erste ist die Frühlingsmaus, die lässt den Regen lachen.
Als Maler hat die Sommermaus die Blumen bunt zu machen.
Die Herbstmaus schickt mit Nuss und Weizen schöne Grüße.
Pantoffeln braucht die Wintermaus für ihre kalten Füße.
Frühling, Sommer, Herbst und Winter sind vier Jahreszeiten.
Keine weniger und keine mehr. Vier verschiedene Fröhlichkeiten."

Als Frederick aufgehört hatte, klatschten alle und riefen:
„Frederick, du bist ja ein Dichter!"
Frederick wurde rot, verbeugte sich und sagte bescheiden:
„Ich weiß es – ihr lieben Mäusegesichter!"

Leo Lionni

Ein Wunsch ist frei

In einem Dorfe in der Bretagne lebte einst
ein herzensguter junger Mensch namens Korentin.
Die Natur hatte ihn recht stiefmütterlich behandelt,
denn er trug einen großen Buckel durchs Leben.
Aber jedermann mochte ihn gern, denn er war immer fröhlich
und unbekümmert, und außerdem verstand er es
ganz wunderbar, mit seiner Geige zum Tanze aufzuspielen.

Als er einst, das Instrument unter dem Arme, von einer Hochzeit
heimkehrte, führte ihn der Weg durch die einsame Heide,
wo die Korrigans, die bretonischen Wichtelmänner, wohnen.
Es war gerade Mitternacht, da sah er plötzlich eine Menge
von diesen kleinen Geistern vor sich stehen.
Sie umringten ihn und riefen fröhlich: „Du musst
uns mit deiner Fidel zum Tanze aufspielen.
Machst du es gut, so sollst du belohnt werden!"

Korentin tat ihnen gern den Gefallen
und spielte die ganze Nacht hindurch,
während die Zwerglein in fröhlichem
Gewimmel um ihn herumtanzten.
Erst als der Morgen graute, hörten sie auf.

„Was willst du als Belohnung?", fragten sie ihn.
„Geld oder Schönheit?"
„Ich will kein Geld", sagte der Geiger,
„aber wenn ihr mich von meinem Buckel
befreien würdet, wäre ich
der glücklichste Mensch unter Gottes Sonne."

Ehe Korentin sich's versah, kletterte einer der Korrigans an ihm empor,
klopfte ihm auf den Rücken – der Buckel war verschwunden!
Überglücklich kehrte Korentin heim.

Vor seinem Haus traf er seinen Nachbarn, den Schuster.
„Nanu", rief dieser, „wo hast du denn deinen Buckel gelassen?
Ich glaube fast, du hast deine Seele dem Teufel verschrieben!"
„Nein, nein", versetzte Korentin, „hör mir zu!"
Und dann erzählte er sein seltsames Abenteuer.

Der Schuster war bekannt wegen seiner Geldgier.
„Wie kann man nur so dumm sein, das Geld auszuschlagen",
rief er. „Ich werde klüger sein!"

In der nächsten Nacht ging er mit seiner Geige auf die Heide.
Wirklich erschienen die Korrigans und baten ihn zu spielen.
Er spielte die ganze Nacht hindurch.

„Du kannst wählen", sagten sie dann,
„willst du Geld oder Schönheit?"
Der Schuster fürchtete, seine Habsucht zu verraten,
wenn er den Wunsch zu deutlich ausspräche.
Deshalb sagte er bescheiden:
„Gebt mir, was mein Nachbar Korentin nicht haben wollte!"
Die Zwerge erfüllten seinen Wunsch aufs Wort.
Als der Schuster seinem Dorfe zustrebte, trug er auf dem Rücken
– einen Buckel.

Unbekannter Verfasser

Die Bienenkönigin

Es waren einmal zwei Königssöhne, die zogen fort
und erlebten so viel, dass sie gar nicht wieder nach Hause kamen.
Ihren jüngsten Bruder, der von allen Dummling genannt wurde,
hatten sie zu Hause gelassen.
Eines Tages machte sich Dummling auf, seine älteren Brüder zu suchen.
Als er sie endlich fand, da verspotteten sie ihn nur,
denn wie wollte Dummling allein durch die Welt kommen.

Also zogen sie miteinander weiter
und kamen an einen Ameisenhaufen.
Die beiden Älteren wollten ihn aufwühlen
und sehen, wie die kleinen Ameisen
ängstlich umherirrten und ihre Eier forttrügen.
Dummling aber sagte zu ihnen:

> „Lasst doch die Tiere in Frieden!
> Es tut mir weh, wenn ihr sie stört!"

Dann gingen sie weiter und kamen an einen See,
auf dem viele, viele Enten schwammen.
Die beiden älteren Brüder wollten sich
schon aufmachen, ein paar Enten zu fangen,
aber Dummling sagte wieder zu ihnen:

> „Lasst doch die Tiere in Frieden!
> Es tut mir weh, wenn ihr sie tötet!"

Als sie wieder eine Weile gegangen waren,
sahen sie einen Baum, auf dem war ein Bienennest.
Das Bienennest war aber so voll von Honig,
dass dieser am Stamm des Baumes herunterlief.
Die zwei älteren Brüder wollten ein Feuer
unter den Baum legen, die Bienen damit ersticken,
um dann den Honig für sich zu behalten.
Dummling aber hielt sie wieder ab und sprach:

„Lasst doch die Tiere in Frieden!
Es tut mir weh, wenn ihr sie verbrennt!"

Am Abend kamen die drei Brüder an ein Schloss.
Es war dort kein Mensch zu sehen,
und in den Ställen standen lauter steinerne Pferde.
So gingen sie durch die Ställe, den Schlossgarten
und durch alle großen Säle, bis sie am Ende
vor eine große, hölzerne Tür kamen.
An der Tür hingen drei Schlösser.
Mitten in der Tür aber war ein kleiner Fensterladen,
durch den man in die Stube sehen konnte.
Da sahen sie ein graues Männchen an einem Tischlein sitzen.
Sie riefen es einmal, sie riefen es zweimal, aber es hörte nicht.
Endlich, als sie zum dritten Mal gerufen hatten, da stand es auf
und kam heraus.

Es sprach kein Wort, nahm die drei Brüder an der Hand
und führte sie an einen reich gedeckten Tisch.
Als sie gegessen und getrunken hatten, führte es dann jeden der Brüder
in eine eigene Schlafkammer.

Am anderen Morgen kam das Männchen zu dem ältesten der Brüder,
winkte ihm und brachte ihn zu einer steinernen Tafel.
Auf ihr waren die drei Aufgaben zu lesen, mit denen das Schloss
von dem Zauber erlöst werden konnte.

Die erste Aufgabe: Im Wald unter dem Moos
liegen die tausend glänzenden Perlen
der Königstochter.
Suche die Perlen und bring sie alle
vor Sonnenuntergang zum Schloss.
Kannst du nicht alle Perlen finden,
dann wirst auch du zu Stein.
Der älteste Bruder ging hin
und suchte den ganzen Tag.
Als aber der Tag zu Ende ging, da hatte er
erst hundert Perlen gefunden.
So wurde er zu Stein verwandelt.

Am folgenden Tag unternahm der zweite Bruder das Abenteuer.
Aber auch er wurde wie der ältere Bruder zu Stein,
da er nicht mehr als zweihundert Perlen finden konnte.
Endlich kam auch Dummling an die Reihe.
Er begann, die Perlen im Moos zu suchen,
aber je länger er suchte, desto mutloser wurde er,
sodass er sich bald auf einen Stein setzte und weinte.
Und wie er so auf seinem Stein saß, da kam der Ameisenkönig,
dem er einmal geholfen hatte, mit fünftausend Ameisen herbei.
Sie alle begannen miteinander, die tausend Perlen der Königstochter
zu suchen, und es dauerte nicht lange, da hatten sie alle Perlen
auf einem großen Haufen zusammengetragen.

Die zweite Aufgabe war, den Schlüssel
zur Schlafkammer der Prinzessin
aus dem See zu holen.
Dummling machte sich auf den Weg.
Als er am See angekommen war,
da schwammen ihm alle Enten,
die er einmal gerettet hatte, entgegen,
tauchten unter und holten den
goldenen Schlüssel aus der Tiefe des Sees.

Die dritte Aufgabe aber war die schwerste.
Der König des Schlosses hatte drei Töchter,
die in tiefem Schlaf lagen.
Sie sahen sich so ähnlich, dass sie niemand
unterscheiden konnte.
Die älteste hatte, bevor sie eingeschlafen war,
ein Stück Zucker gegessen,
die zweite einen Löffel Sirup und die jüngste
und liebste einen Löffel voll Honig.

Welche nun die jüngste und liebste war,
das musste Dummling herausfinden.
Dummling wusste sich keinen Rat. Doch da kam die Bienenkönigin,
die er vor dem Feuer geschützt hatte. Sie setzte sich auf den Mund
jeder der drei Königstöchter und versuchte von allen
und blieb zuletzt auf dem Mund sitzen, der Honig gegessen hatte.
So konnte Dummling die jüngste und liebste Königstochter erkennen.

Von nun an war aller Zauber auf dem Schloss gebrochen.
Alles war aus dem Schlaf erwacht, und wer zu Stein geworden war,
der erhielt seine menschliche Gestalt zurück.
Jetzt wurde eine große Hochzeit vorbereitet.
Dummling bekam die jüngste und liebste Königstochter zur Frau
und wurde König des Schlosses.
Seine Brüder aber bekamen die beiden anderen Königstöchter zur Frau.

nach Jacob und Wilhelm Grimm

Die Bremer Stadtmusikanten

Ein Esel, schwach und hoch betagt,
ein Hund, von Atemnot geplagt,
ein Katzentier mit stumpfem Zahn
und ein dem Topf entwichner Hahn,
die trafen sich von ungefähr
und rieten hin und rieten her,
was sie wohl unternähmen,
dass sie zu Nahrung kämen.

„Ich, Esel, kann die Laute schlagen:
Ja plonga plonga plomm."
„Ich, Hund, will's mit der Pauke wagen:
Rabau rabau rabomm."
„Ich, Katze, kann den Bogen führen:
Miau miau mihie."
„Ich, Hahn, will mit Gesang mich rühren:
Kokürikürikie."

So kamen sie denn überein,
sie wollten Musikanten sein
und könnten's wohl auf Erden
zuerst in Bremen werden.

Ja plonga plonga plomm.
Rabau rabau rabomm.
Miau miau mihie.
Kokürikürikie.

Die Sonne sank, der Wind ging kalt.
Sie zogen durch den dunklen Wald.
Da fanden sie ein Räuberhaus.
Das Licht schien in die Nacht hinaus.

Der Esel, der durchs Fenster sah,
wusst' anfangs nicht, wie ihm geschah:
„Ihr Kinder und ihr Leute,
was winkt uns da für Beute!"

Den Fuß er leis' ans Fenster stellte,
ja plonga plonga plomm,
der Hund auf seinen Rücken schnellte,
rabau rabau rabomm,
und auf den Hund die Katze wieder,
miau miau mihie,
zuoberst ließ der Hahn sich nieder,
kokürikürikie.

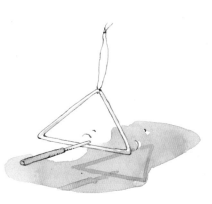

Das Räubervolk zu Tische saß,
man schrie und lachte, trank und aß.
Und plötzlich brach durchs Fenster
der Sturm der Nachtgespenster:

Ja plonga plonga plomm.
Rabau rabau rabomm.
Miau miau mihie.
Kokürikürikie.

So grässlich waren Bild und Ton,
dass die Kumpane jäh entflohn.
Statt ihrer schmausten nun die vier,
bezogen dann ihr Schlafquartier.
Ein Räuber doch mit schiefem Blick
schlich mitternachts ins Haus zurück,
um heimlich zu ergründen,
wie denn die Dinge stünden.

Mit eins war sein Gesicht zerrissen,
miau miau mihie,
sein linkes Bein mit eins zerbissen,
rabau rabau rabomm,
sein Leib getroffen von den Hufen,
ja plonga plonga plomm,
sein Herz erschreckt von wilden Rufen,
kokürikürikie.

Er lief und lief durchs Dickicht quer,
als käm' der Teufel hinterher.
Da gab es bei den Tieren
ein großes Jubilieren:

Ja plonga plonga plomm.
Rabau rabau rabomm.
Miau miau mihie.
Kokürikürikie.

Manfred Hausmann

Junker Prahlhans

Ein König hatte einen Edelknecht. Den nannte man Junker Prahlhans,
weil er immer viel versprach und wenig hielt.
Am Hofe des Königs lebte auch ein Spaßmacher.
Der wollte den Prahlhans bessern. Und das ging so:

Eines Tages hätte der König gern gebratene Vögel gegessen
und sagte zum Junker: „Hans, geh hinaus in den Wald,
und schieße mir zehn Vögel für meinen Tisch!"
Der Junker aber sprach:
„Nicht nur zehn, hundert Vögel will ich dir schießen."
„Gut", sagte der König, „wenn du ein so guter Schütze bist,
so bring mir hundert. Sollst für jeden eine Silbermünze haben."
Der Spaßmacher hörte das und ging dem Junker voraus
in den Wald. Er rief die Vögel und sprach:

„Ihr Vöglein, flieget alle fort!
Hans Großmaul kommt an diesen Ort,
möcht' hundert Vögel schießen."

Als Junker Hans in den Wald kam,
da konnte er keinen Vogel sehen;
denn sie hatten sich alle in ihren Nestern versteckt.
Und als er mit leeren Taschen zurück zum König kam,
wurde er hundert Tage lang ins Gefängnis gesperrt,
weil er sein Wort nicht gehalten hatte.

Als er wieder frei war, sagte eines Tages der König:
„Ich möchte heute fünf Fische für meinen Tisch haben."
Da dachte Hans an seine hundert Tage Gefängnis
und tat seinen Mund nicht so weit auf:
„Ich will dir fünfzig Fische fangen."

Sprach der König:
„Wenn du ein so guter Fischer bist, so fange mir fünfzig,
sollst für jeden ein Goldstück haben."
Da ging der Spaßmacher hinaus zum See, rief die Fische
und sprach:

„Ihr Fischlein, schwimmet alle fort!
Hans Großmaul kommt an diesen Ort,
möcht' fünfzig Fische fangen."

Als der Junker an den See kam,
da konnte er kein Fischlein fangen.
Sie waren alle ans andere Ufer hinübergeschwommen.
Und da er mit leeren Taschen nach Hause kam,
ließ ihn der König fünfzig Tage lang einsperren,
weil er sein Wort nicht gehalten hatte.

Als die fünfzig Tage um waren, sagte der König:
„Ich möchte einen Hasen für meinen Tisch haben."
Junker Hans dachte an sein Gefängnis und sagte:
„Herr, ich will dir wenigstens zehn Hasen bringen."
Sprach der König: „Wenn du ein so guter Jäger bist,
so jage mir zehn. Sollst für jeden
ein großes Geldstück haben."
Da ging der Spaßmacher hinaus in den Wald,
rief die Hasen und sprach:

„Ihr Häslein, springet alle fort!
Hans Großmaul kommt an diesen Ort,
möcht' gern zehn Hasen jagen."

94

Und als der Junker kam, konnte er den ganzen Tag
keinen Hasen jagen.
Der König ließ ihn aber wieder zehn Tage lang einsperren,
weil er sein Wort nicht gehalten hatte.

Als er wieder frei war, sprach der König:
„Ich möchte einen Hirsch für meinen Tisch haben."
Da dachte der Junker seiner Leiden, die ihn seine Prahlerei
gekostet hatten, und er sagte bescheiden:
„Ich will hingehen und schauen, ob ich einen Hirsch erlegen kann."

Und er ging hin und schaute und konnte wirklich einen Hirsch erlegen
und brachte ihn mit Freude dem König. Der lachte und sprach:
„Wenn man nichts Unmögliches verspricht,
so ist das Worthalten leicht."

Franz Graf von Pocci

Miteinander

auf Geschwister aufpassen

Mülleimer heraustragen

den Tisch decken

einkaufen

beim Backen helfen

Staub saugen

Ich muss immer abtrocknen!

abtrocknen

Und wer macht den Vogelkäfig sauber?

Fische füttern

kochen

Wir wechseln uns ab.

Milch holen

spülen

etwas aus dem Keller holen

Laub rechen

Blumen gießen

Hund ausführen

Fahrrad putzen

Meine Schwester

Meine Schwester ist fünfzehn
und wirklich sehr nett,
mit ihr kann ich reden,
am besten im Bett.

Sie erklärt mir fast alles,
was ich wissen will,
und will ich nichts wissen,
ist sie einfach still.

Wenn es Streit gibt zu Hause,
hilft sie meistens mir
und knallt voller Wut
ganz laut mit der Tür.

Meine Schwester ist fünfzehn
und richtig gemein,
will ich mit ihr reden,
schläft sie meistens ein.

Sie erklärt mir fast gar nichts,
und hab' ich 'ne Frage,
sagt sie manchmal bissig:
Du bist eine Plage!

Wenn es Streit gibt zu Hause,
ist es meist wegen ihr,
doch ich werde geschimpft
und kann nichts dafür.

Meine Schwester ist fünfzehn
und mal so, dann mal so,
mal könnte ich sie …
und mal bin ich froh …

Manfred Mai

WIE FÜHLST DU DICH?

Wir Kinder aus Bullerbü

Ich heiße Lisa. Ich bin ein Mädchen.
Das hört man übrigens auch am Namen.
Ich bin sieben Jahre alt und werde bald acht.

Manchmal sagt Mutti:
„Du bist ja Muttis großes Mädchen,
du kannst mir also heute beim Abwaschen helfen."

Und manchmal sagen Lasse und Bosse:
„Kleine Mädchen dürfen nicht Indianer spielen.
Du bist zu klein."

Daher weiß ich nicht, ob ich eigentlich groß oder klein bin.
Wenn die einen finden, dass man groß ist,
und andere, dass man klein ist,
so ist man vielleicht gerade richtig.

Lasse und Bosse sind meine Brüder.
Lasse ist neun Jahre alt und Bosse acht.
Lasse ist mächtig stark und kann viel schneller rennen als ich.
Aber ich kann ebenso schnell rennen wie Bosse.
Manchmal, wenn Lasse und Bosse mich
nicht mitnehmen wollen,
hält Lasse mich fest, während Bosse ein Stück läuft,
damit er einen Vorsprung bekommt.
Dann lässt Lasse mich los und rennt mir ganz einfach davon.

Astrid Lindgren

Wir Kinder aus Bullerbü
von Astrid Lindgren

Die Meckerpause

Puschel hatte schon seit einer Woche schlechte Laune.
Er fand, seine Eltern erzogen zu viel an ihm herum.
Am Sonntagabend beschwerte er sich.
„Dauernd meckert ihr! Ich halte das bald nicht mehr aus.“
„Was meinst du mit meckern?“, fragte der Vater.
„Na, dass ihr immer sagt *tu dies* und *lass das*
und *hast du schon wieder*.
Den ganzen Tag geht das so. Sogar sonntags!“

Die Mutter seufzte. „Glaubst du, es macht uns Spaß,
dich ständig zu ermahnen? Aber was sollen wir
denn sonst tun? Von alleine würdest du dich doch
zum Beispiel nie waschen.“
„Und dir die Zähne putzen“, fügte der Vater hinzu.
„Nie ist übertrieben“, murmelte Puschel.
„Also gut, fast nie“, fuhr die Mutter fort. „Und du würdest
auch nicht beim Abtrocknen helfen;
und keine Schularbeiten machen;
und fast nie rechtzeitig ins Bett gehen.“

„Na, ja“, brummte Puschel. „Aber ihr könntet wenigstens
einen Tag mal Pause machen mit dem ewigen Ermahnen.“
„Du meinst, so eine Art Meckerpause?“,
wollte der Vater wissen.
Puschel nickte. „Nur einen einzigen Tag lang möchte ich
mal alles tun dürfen, was ich will!
Alles! Und ihr redet mir nicht dazwischen!“

„O mein Gott ...“ stöhnte die Mutter.
Auch der Vater war etwas erschrocken.
Beide sahen Puschel eine Weile unschlüssig an.
Aber dann bemerkten sie den sehnsüchtigen Ausdruck
in seinen Augen. Und da nickten sie.

„Also einverstanden", sagte der Vater.
„Einen Tag! Und wir verlassen uns darauf,
dass du nichts Gefährliches tust!"
Puschel strahlte. „Ist ja klar, Papa!"
„Und wann soll es losgehen?", fragte die Mutter ängstlich.
„Morgen!", antwortete Puschel.

So kam es, dass Puschel am Montag, dem 11. August,
alles tun durfte, was er wollte.
Puschel wachte schon um 7 Uhr auf. Er zog sich an,
lief über den Flur und öffnete die Küchentür.
„Hallo, Mami!", sagte er.
„Guten Morgen, Puschel! Hast du dich gewa …"
„He!", rief Puschel warnend. Und dann fuhr er mit fester Stimme fort:
„Heute wasche ich mich mal nicht."
Gespannt sah er die Mutter an. Was würde jetzt passieren?
Nichts passierte. Sie murmelte: „Ach so!"

Puschel ging vergnügt ins Wohnzimmer.
Der Vater saß noch am Frühstückstisch.
„Guten Morgen, Papa", sagte Puschel, als er sich hinsetzte.
„Guten Morgen, Puschel", antwortete der Vater hinter der Zeitung.
Puschel nahm einen Teelöffel und kostete vom Pflaumenmus:
einen Löffel und noch einen und noch einen …
„Schmeckt's?", fragte der Vater hinter der Zeitung hervor.
Puschel legte erschrocken den Löffel weg.
„Mach ruhig weiter!" Der Vater faltete die Zeitung zusammen
und verließ das Zimmer.

Puschel machte weiter, aber ruhig war er dabei nicht.
Er war im Gegenteil sehr aufgeregt.
Dieser Tag fing echt gut an!

Annemarie Norden

Die Meckerpause
von Annemarie Norden

Stefan

Stefan sitzt in der Bank neben Melanie.
Alle andern Jungen sitzen neben Jungen.
Nur Stefan sitzt neben einem Mädchen.
Er sitzt gern neben Melanie.
Die Jungen hänseln Stefan und Melanie.
Auch die Mädchen hänseln sie.
Sie sagen: Stefan ist verliebt in Melanie!
Oder: Melanie ist verliebt in Stefan.
Stefan wird rot, und auch Melanie
wird rot. Sie getrauen sich gar nicht
mehr, miteinander zu sprechen.
Am liebsten möchte Stefan nicht mehr
neben Melanie sitzen, obwohl er sie mag.

„Woher wissen die, dass ich in Melanie
verliebt bin", denkt Stefan.
Er selbst weiß nicht, ob er verliebt ist.
Er weiß überhaupt nicht, wie Verliebtsein ist.

Er fragt seine Mutter: „Wie ist das,
wenn man verliebt ist?"
„Es kribbelt im Bauch und rumort
in der Herzgegend herum", sagt sie.
„Mich sticht es in der Seite", sagt Stefan.
„Das kommt nicht von der Liebe,
das kommt vom Fußballspielen",
sagt die Mutter.

„Diese Blödmänner", denkt Stefan,
„ich bin doch gar nicht verliebt in Melanie!
Ich mag sie! Und fertig!"

Karin Gündisch

102

Mut

„Los, Micha! Los! Nun spring schon endlich!"
Micha hört die anderen rufen. Laut ist es und heiß.
Ab und zu benutzt der Bademeister die Trillerpfeife.
„He, Sie, Sie müssen eine Badekappe tragen!"
Oder: „Das Springen vom Beckenrand ist verboten!", brüllt er.
Micha hört das Rufen des Bademeisters
und die Stimmen der anderen:
„Los, Micha, nun spring schon!"

Dann hört Micha nichts mehr. Weit weg ist
das platschende Geräusch des Wassers.
Weit weg und undeutlich verschwommen ist auch
das Stimmengewirr. Tief, ganz tief unter sich, sieht Micha
das leuchtend blaue Wasser des Schwimmbeckens.
Fünf Meter! Mensch, ist das hoch!
Micha schaut nach unten und bekommt Angst.
Er schaut nach oben, und er fühlt, wie ihn
die große Kuppel des Hallenbades fast erdrückt.
Micha wird schwindlig.

„Los! Jetzt mach schon! Feigling, Feigling!",
schreien nun die anderen.
Langsam dreht sich Micha um.
„Feigling!", ruft auch Pitti, sein Freund.
„Selber einer", sagt Micha, „spring du doch!"
Dann steigt er ganz langsam, Stufe für Stufe,
die Treppe des Sprungturms wieder hinunter.
„Na, das muss man auch können", sagt eine Frau,
die gerade vorübergeht.

Micha schämt sich nicht mehr.
Erleichtert springt er vom Startblock.

Mechthild zum Egen

Hannes fehlt

Sie hatten einen Schulausflug gemacht. Jetzt war es Abend,
und sie wollten mit dem Autobus zur Stadt zurückfahren.
Aber einer fehlte noch. Hannes fehlte.
Der Lehrer merkte es, als er die Kinder zählte.
„Weiß einer etwas von Hannes?", fragte der Lehrer.
Aber keiner wusste etwas.
Sie sagten: „Der kommt noch."
Sie stiegen in den Bus und setzten sich auf ihre Plätze.
„Wo habt ihr ihn zuletzt gesehen?", fragte der Lehrer.
„Wen?", fragten sie. „Den Hannes? Keine Ahnung. Irgendwo.
Der wird schon kommen."

Draußen war es jetzt kühl und windig, aber hier im Bus
hatten sie es warm. Sie packten ihre letzten Butterbrote aus.
Der Lehrer und der Busfahrer gingen die Straße zurück.
Einer im Bus fragte: „War der Hannes überhaupt dabei?
Den hab' ich gar nicht gesehen."
„Ich auch nicht", sagte ein anderer.
Aber morgens, als sie hier ausstiegen, hatte der Lehrer sie gezählt,
und beim Mittagessen im Gasthaus hatte er sie wieder gezählt,
und dann noch einmal nach dem Geländespiel.
Da war Hannes also noch bei ihnen.

„Der ist immer so still", sagte einer. „Von dem merkt man gar nichts."
„Komisch, dass er keinen Freund hat", sagte ein anderer,
„ich weiß noch nicht einmal, wo er wohnt."
Auch die anderen wussten das nicht.
„Ist doch egal", sagten sie.
Der Lehrer und der Busfahrer gingen jetzt den Waldweg hinauf.
Die Kinder sahen ihnen nach.
„Wenn dem Hannes jetzt etwas passiert ist?", sagte einer.
„Was soll dem passiert sein?", rief ein anderer. „Meinst du,
den hätte die Wildsau gefressen?"

Sie lachten. Sie fingen an, sich über die Angler am Fluss zu unterhalten,
über den lustigen alten Mann auf dem Aussichtsturm
und über das Geländespiel.

Mitten hinein fragte einer: „Vielleicht hat er sich verlaufen?
Oder er hat sich den Fuß verstaucht und kann nicht weiter.
Oder er ist bei den Kletterfelsen abgestürzt?"
„Was du dir ausdenkst!", sagten die anderen.
Aber jetzt waren sie unruhig. Einige stiegen aus
und liefen bis zum Waldrand und riefen nach Hannes.
Unter den Bäumen war es schon ganz dunkel.
Sie sahen auch die beiden Männer nicht mehr.
Sie froren und gingen zum Bus zurück. Keiner redete mehr.
Sie sahen aus den Fenstern und warteten. In der Dämmerung
war der Waldrand kaum noch zu erkennen.

Dann kamen die Männer mit Hannes. Nichts war geschehen.
Hannes hatte sich einen Stock geschnitten, und dabei war er
hinter den anderen zurückgeblieben. Dann hatte er sich etwas verlaufen.
Aber nun war er wieder da, nun saß er auf seinem Platz
und kramte im Rucksack.

Plötzlich sah er auf und fragte:
„Warum seht ihr mich alle
so an?"
„Wir? Nur so", sagten sie.
Und einer rief: „Du hast
ganz viele Sommersprossen
auf der Nase!"
Sie lachten alle, auch Hannes.
Er sagte: „Die hab' ich doch
schon immer."

Ursula Wölfel

Spaß und Spiel mit Wörtern

Kinder- A B C

Große Schritte machen

Ganz still sein

Hasen fangen

Hasen retten

Indianer sein

Igel füttern

Janosch

Was-ich-mag-Alphabet

Ananas
Butterblumen
Currysauce
Dattelpalmen
Eselreiten
Ferien
Grasmücken
Holunderpfeifen
Igelkinder
Jahrmarktbuden
Kieselsteine
Langhaardackel
Mohrenköpfe
Nixenhaare
Ohrensessel
Pandabären
Quakfrösche
Rumpelkammern
Schneeflocken
Topfgucken
Urgroßväter
Vogelnester
Wasserjungfern
Xylophon
Yorkshire-Pudding
Zebrafohlen

Was-ich-nicht-mag-Alphabet

Angeber
Bandwürmer
Cliquen
Dunkelkammer
Etagenbetten
Fesseln
Griesgram
Hausaufgaben
Inseltypen
Juckreiz
Kerkermauern
Langeweile
Musterkinder
Neunmalkluge
Ohrwürmer
Pfötchengeben
Quetschwunden
Rucksacktragen
Schönschreiben
Tratschtanten
Umstandsmeier
Vogelfänger
Wespenstiche
Xanthippenkeppeln
Ypsilon
Zwickmühlen

Renate Welsh

Kirschkerne spucken

Ki-Ki-Kirschkerne spucken,
pft!
pfft!
gegen den Wind,
das kann jedes Kind.

Ki-Ki-Kirschkerne spucken,
pfft!
pfffft!
gegen den Föhn,
ist leicht und schön.

Ki-Ki-Kirschkerne spucken,
pfffft!
pffffffft!
gegen den Sturm
ist schon enurm.

Ki-Ki-Kirschkerne spucken,
pffffffft!
pffffffffffffffft!
gegen den Orkan,
phhh!
kann keiner an.

Gerald Jatzek

108

Eine Luftballongeschichte

Ein Vater hat seinem Kind einen Luftballon mitgebracht.
Das Kind hat sich gefreut, und es hat zwei dicke Backen voll Luft
in ihn hineingeblasen.
Aber der Luftballon ist nur so groß wie eine Apfelsine geworden.

„Er soll größer sein", hat das Kind sich gedacht,
„so groß und so rund wie ein Kohlkopf."
Es hat noch einmal hineingeblasen,
und der Luftballon ist so groß wie ein Kohlkopf geworden.

„Er soll größer sein", hat das Kind sich gedacht,
„so groß und so rund wie ein Fußball."
Es hat noch einmal hineingeblasen,
und der Luftballon ist so groß
wie ein Fußball geworden.

„Er soll noch größer sein",
hat das Kind sich gedacht,
„so groß und so rund
wie die Sonne."

Es hat sich angestrengt –
gaaaaanz tiiiiief Luft geholt,
hineingeblasen,
und der Luftballon ist …

Elisabeth Stiemert

Angeführt! Angeführt!
Der Luftballon ist nicht geplatzt.
Er ist dem Kind aus der Hand geflutscht,
und er ist pffffffffffffffffff
wieder so klein und so schlapp geworden,
wie er vorher ohne Luft war.

Xerxes

Es war einmal ein Junge, der hieß Xerxes,
und hätte er im Orient gelebt, wäre sein Name
nicht weiter verwunderlich gewesen. Der Junge
lebte aber in einer kleinen Stadt in Deutschland,
und da fanden viele Leute den Namen sonderbar,
und nicht wenige sagten: „Xerxes heißt man nicht!"

Anfangs ärgerte sich der Junge darüber,
doch dann spielte er diesen unduldsamen Leuten
einen Streich. Fragten sie ihn nach seinem Namen,
seufzte er und sagte:
„Sie werden es nicht glauben!"
Das machte die Leute natürlich erst recht neugierig,
und sie bohrten so lange, bis er sagte: „Ich heiße Xerxes!"
„Xerxes", fragten die Leute. „Wie schreibt man denn das?"

Und der Junge buchstabierte:

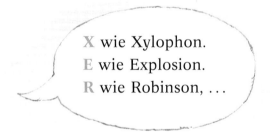

X wie Xylophon.
E wie Explosion.
R wie Robinson, …

„Langsam, langsam!", sagten die Leute.
„Explosion? Wie schreibt man denn das?"
Und der Junge buchstabierte:

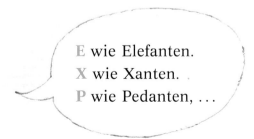

E wie Elefanten.
X wie Xanten.
P wie Pedanten, …

„Langsam, langsam!", sagten die Leute.
„Pedanten? Wie schreibt man denn das?"
Und der Junge buchstabierte:

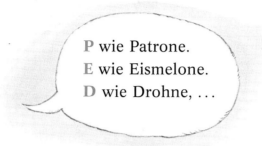

P wie Patrone.
E wie Eismelone.
D wie Drohne, …

„Langsam, langsam!", sagten die Leute.
„Drohne? Wie schreibt man denn das?"
Und der Junge buchstabierte:

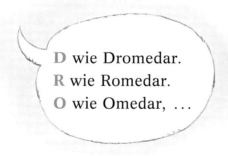

D wie Dromedar.
R wie Romedar.
O wie Omedar, …

Da wurden die Leute misstrauisch und sagten:
„Du willst uns wohl verschaukeln?"
Da sagte der Junge mit unbewegtem Gesicht:
„Ich will Ihnen nur erklären,
wie man Xerxes buchstabiert."

Da sagten die Leute sauer:
„Es ist doch nicht zu glauben!"
Da lachte der Junge und sagte:
„Das hab ich Ihnen ja gleich gesagt!"

Hans Stempel / Martin Ripkens

Eletelefon

Es war einmal ein Elefant,
Der griff zu einem Telefant –
O halt, nein, nein! Ein Elefon,
Der griff zu einem Telefon –
(Verflixt! Ich bin mir nicht ganz klar,
Ob's diesmal so ganz richtig war.)

Wie immer auch, mit seinem Rüssel
Verfing er sich im Telefüssel;
Indes er sucht sich zu befrein,
Schrillt lauter noch das Telefein –
(Ich mach jetzt Schluss mit diesem Song
Von Elefuß und Telefong!)

Laura E. Richards

Dunkel war's,
der Mond schien helle,
als ein Auto blitzesschnelle
langsam um die Ecke fuhr.

Drinnen saßen stehend Leute
schweigend ins Gespräch vertieft,
als ein totgeschoss'ner Hase
auf der Sandbank Schlittschuh lief.

Volksgut

Theater-Theater

Aus dem bunten Kasperhaus
schaut er lustig, keck heraus.
Erst die Nasenspitze,
dann die Zipfelmütze.
Ob ihr wisst, wer das ist?

Zierlich mit Geschmeide,
rauscht sie an in Seide.
Manchmal ist sie traurig,
und dann weint sie schaurig.
Ob ihr wisst, wer das ist?

Hokus pokus sagt er,
fidibus so klagt er,
will es nicht gelingen,
mit ganz rechten Dingen.
Ob ihr wisst, wer das ist?

Schwarzer Hut mit Feder,
kennt ihn ja ein jeder.
Niemals wir ihn trafen,
kommt, wenn alle schlafen.
Ob ihr wisst, wer das ist?

Heinrich Maria Denneborg

Kirschkuchen

Gast:	*(kommt und nimmt an einem Tisch Platz)*
Kellner:	*(kommt)* Der Herr wünschen?
Gast:	Eine Tasse Kaffee und ein Stück Kuchen!
Kellner:	Was für Kuchen wünschen der Herr?
Gast:	Was haben Sie denn?
Kellner:	Kranzkuchen – Pfannkuchen – Kirschkuchen – Pflaumenkuchen – Napfkuchen – Baumkuchen – Streuselkuchen – Mohnkuchen.
Gast:	Genug! – Genug! Bringen Sie ein Stück Kirschkuchen!
Kellner:	Bitte sehr! *(geht ab und kommt sofort mit einem Teller mit Kuchen wieder)* Bitte sehr, der Herr: Kirschkuchen! Der Kaffee kommt sofort – wird frisch gebrüht.
Gast:	Danke sehr! *(fängt an zu essen, schüttelt den Kopf, isst wieder ein Stück, schüttelt den Kopf)* Herr Ober!
Kellner:	*(kommt)* Der Herr wünschen?
Gast:	Was ist das für Kuchen?
Kellner:	Kirschkuchen!
Gast:	Aha, Kirschkuchen! *(isst weiter, schüttelt wieder den Kopf)* Herr Ober!
Kellner:	Bitte, mein Herr?
Gast:	Was ist das für Kuchen?
Kellner:	*(ungeduldig)* Aber ich sagte doch bereits: Kirschkuchen!!
Gast:	Kirschkuchen?
Kellner:	Kirschkuchen!!
Gast:	Aber da sind doch gar keine Kirschen drin!
Kellner:	Haben Sie schon mal Hundekuchen gesehen, in dem Hunde drin sind?
Gast:	*(geht empört weg)*

Peter Charlot

115

Des Kaisers Maus

Vor langer Zeit lebte einmal ein Kaiser. Dieser Kaiser
besaß eine kleine Maus mit Namen Mischa.
Mischa wohnte in der Hosentasche des Kaisers.
Manchmal kletterte die kleine Maus heraus, huschte durchs Zimmer
und verkroch sich anschließend im Ärmel des Kaisers.

Eines Tages, als der Kaiser gerade auf seinem Thron saß und regierte,
kam ein Bote gerannt. Er verneigte sich tief und sagte:
„Eure Majestät! Eure Mutter hat sich zum Tee angesagt,
und sie will die Katze Suki mitbringen."
„Heiliger Strohsack!", rief der Kaiser. „Suki ist die beste Mäusejägerin
im ganzen Reich. Sie wird unseren Mischa fangen!
Was sollen wir nur tun?"

Da bliesen auch schon die Trompeter draußen in ihre Trompeten.
„Eure Mutter ist da, Majestät!", sagte der Bote.
„Schnell!", rief der Kaiser. „Gib mir den großen Briefumschlag dort!"
Er nahm eine Schere und schnitt ein paar Luftlöcher
in den Briefumschlag. Dann nahm er eine Feder
und schrieb seine eigene Adresse darauf.
Ganz unten schrieb er in Großbuchstaben:

Als seine Mutter und Suki schon die Schlossallee heraufkamen,
klebte der Kaiser noch schnell eine Marke auf den Briefumschlag
und schob ein Stückchen Kuchen hinein.
Dann nahm er Mischa aus der Hosentasche,
steckte die Maus in den Umschlag und klebte ihn zu.
„Schnell", sagte der Kaiser zu dem Boten. „Trag ihn zur Post!"

Dann gab der Kaiser seiner Mutter einen Willkommenskuss
und sagte: „Darf ich dir eine Tasse Tee anbieten, liebe Mama?"
„Ja, gern", antwortete sie. Da schenkte er ihr ein.

Inzwischen strolchte Suki überall umher und schnupperte
in allen Ecken, ob nicht irgendwo eine Maus war.

Am nächsten Morgen, als die kaiserliche Frau Mutter
und Suki wieder fort waren, erschien der Briefträger
mit einem Brief für den Kaiser im Palast.
„Ein ausgesprochener Krabbelbrief, Eure Majestät",
sagte der Briefträger.

Der Kaiser nahm den Brief und lächelte. „Was mag denn da
nur drinnen sein?", sagte er. Er öffnete den Umschlag
und – da saß ein quietschvergnügter Mischa.
„Das freut mich aber, dass du wieder da bist!", sagte der Kaiser
und streichelte seine Maus. Und dann steckte er sie
wieder in seine Hosentasche.

Donald Bisset

Spieler:	Requisiten:
Kaiser	Stoffmaus
Bote	Briefumschlag
...	Kuchenstück (Pappe)
	...

Reisen früher

Reisen mit der Postkutsche:
Über Stock und Stein

Stellt euch vor: Acht Personen sitzen eng gedrängt in
einer Kutsche, schlucken Staub, spüren jede Unebenheit
der Straße; sie können die Beine nicht ausstrecken,
der Rücken tut weh – und das schon seit Stunden.
So haben die Reisenden vor hunderten von Jahren
die Fahrt in der Postkutsche erlebt. Das war nicht immer
das reinste Vergnügen oder eine bequeme Fahrt,
seit ab 1650 die ersten Postkutschen unterwegs waren.

eng und unbequem

Vor Überraschungen waren die Fahrgäste nie sicher.
Plötzlich stand die Kutsche, und es hieß:
Hände hoch! Überfall! Das kam sogar häufig vor.
Deshalb versteckten die Reisenden ihr Geld
in einem Laib Brot oder in den Schuhen,
damit es sicher war.
Viele hatten auch heimlich eine Pistole
in ihrem Handgepäck, um sich schützen zu können.
In den Gasthöfen war man in der Nacht
auch nicht viel sicherer. Es war ratsam, die Tür
zu verschließen oder mindestens einen Stuhl unter die Klinke
zu stellen. Der Lärm hat dann den Dieb verraten.

häufig Überfälle

Nicht selten kippte die Kutsche an gefährlichen Stellen
um, und die Passagiere mussten sich wie aus einem Käfig
befreien. Manchmal stürzte eine Kutsche unterwegs
mehrmals um. Das war nicht ungefährlich. Anschließend
mussten alle zusammen helfen, um die schwere Kutsche
wieder aufzurichten. Oft ging die Fahrt erst
nach Stunden weiter.

Ihr fragt euch, warum die Kutsche umfallen konnte?
Der Postillion ist nicht zu schnell gefahren. Die Straßen
waren damals nur bessere Feldwege und hatten ihre

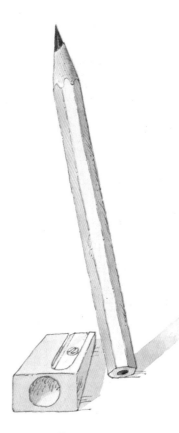

Tücken. Bei schlechtem Wetter verwandelten sie sich
in Schlammwege. Zwischen Offenburg und Emmendingen
sind einmal mehrere Kutschen metertief im aufgeweichten
Morast versunken.

Oft mussten die Reisenden in der Kutsche auch übernachten.
Das war gerade im Winter nicht angenehm. Manchem
sind fast die Füße eingefroren, weil es so kalt war
und überall fürchterlich zog.

Manche Passagiere saßen mehrere Tage
in den Kutschen. Die Fahrt von Stuttgart nach Frankfurt
hat immerhin 40 Stunden gedauert, später auf
den ausgebauten Straßen nur noch 25 Stunden –
immer noch lange. Heute braucht ein Zug nur zweieinhalb
Stunden.

Unterbrechungen gab es ständig, auch wenn die Kutsche
nicht umkippte. Pferde mussten gewechselt werden,
ab und zu auch die Kutsche. Die Fahrgäste konnten
in Wechselstationen essen. Aber es musste alles immer
sehr schnell gehen. Da Deutschland damals noch aus
36 selbstständigen kleinen Staaten mit eigenem König
oder Fürsten bestand, mussten die Reisenden an vielen
Zollstationen Halt machen und auch Geld wechseln.
Das war sehr umständlich und zeitraubend.

Wenn das Posthorn von weitem die Postkutsche
für die Stadtbewohner ankündigte, freuten sich alle
auf die unterhaltsame Abwechslung.
Hatten die Fahrgäste ihr Reiseziel erreicht, freuten sie sich,
dass sie nur einige blaue Flecken hatten und endlich
wieder festen Boden unter den Füßen spürten.
Stellt euch vor, wie ihr euch schon nach einigen Stunden
Fahrt im bequemen Auto fühlt.

Hedy G. Barth-Rößler

Die erste Fernfahrt mit dem Auto

Viele Jahre hatte der Ingenieur Carl Benz aus Mannheim gebraucht,
um einen Wagen zu bauen, der ohne Pferde fuhr –
nur mit einem Benzinmotor. Über die ersten kurzen Fahrten
mit dem neuartigen Motorwagen lachten die Leute in Mannheim.

Nicht selten mussten Carl Benz und seine Frau Berta den Wagen
nach Hause schieben.
Aber mit der Zeit ging es immer besser.
Und eines Morgens schoben Berta Benz und ihre beiden Söhne
Eugen und Richard, 15 und 12 Jahre alt, den Wagen heimlich
im Morgengrauen aus der Hütte, um zu Verwandten
nach Pforzheim zu fahren. Bis Heidelberg waren die Straßen eben,
und alles ging gut. Als es aber steiler wurde,
mussten immer zwei schieben. Meist lenkte die Mutter,
manchmal aber auch Eugen oder Richard.

Nach manchen Schwierigkeiten kamen die drei am Abend
in Pforzheim an. Verstaubt, verdreckt, aber glücklich
schickten sie an den ahnungslosen Vater ein Telegramm.
Die erste Fernfahrt mit dem Automobil war geschafft –
und das mit einer Frau und zwei Jungen am Steuer.

nach Carl Benz

Die Reise mit der Eisenbahn

Manchmal reisten Mutter und Max in die Stadt.
Es war eine weite Reise, fast zwanzig Kilometer weit.
Zur Bahnstation mussten sie eine Stunde laufen.
Mutter trug einen Korb auf dem Rücken.
In dem Korb waren frische Eier und Butter,
die Mutter selber gerührt hatte.
Stadtleute verstehen was davon, meinte sie.

Endlich kam der Zug mit vielen, vielen Wagen.
In der Mitte waren die Wagen der ersten Klasse.
Sie hatten geräumige Abteile mit Polstersesseln aus rotem Plüsch.
An einem Fenster saß eine feine Dame. Sie hatte
einen Schleier vorm Gesicht.

Dahinter kamen die Wagen der zweiten Klasse.
Die Abteile waren kleiner, die Sitze mit grauem Stoff bezogen.
In einem Abteil saßen Männer mit Schnurrbärten
und silbernen Uhrketten. In einem anderen Abteil
saßen eine dicke Frau und ein Mops.

Nun kamen die Wagen der dritten Klasse.
Die Abteile waren eng und hatten
Sitzbänke aus Holz.
Männer, Frauen und Kinder
saßen eng nebeneinander.
Über ihnen im Gepäcknetz
lagen viele Taschen,
Bündel und Koffer.

Mutter und Max mussten am ganzen Zug entlang rennen.
Die Wagen der vierten Klasse waren ganz vorn,
gleich hinter der Lokomotive.
Max schob Mutter mit ihrem schweren Korb hinein.
Hier gab es keine Abteile. In der Mitte war der Raum
frei für Traglasten. An den Seiten waren schmale Sitzbänke.

Mutter stellte ihren Korb zwischen zwei Ranzen.
Die gehörten den Handwerksburschen,
die auf der Bank lagen und schliefen.
Neben ihnen saß ein Bauer. Ihm gehörte der Käfig
mit den Enten. Die schnatterten laut,
als die Lokomotive pfiff und fauchend anfuhr.
Durch das Fenster kam eine schwarze Qualmwolke herein.
Max machte das Fenster schnell zu. Der Bauer sagte:
„Wenn's ein Unglück gibt, trifft's uns arme Leute hier vorn."
Doch es ging alles glatt.

In der Stadt liefen Mutter und Max von Haus zu Haus
treppauf, treppab.
Sie klingelten überall und boten die frischen Eier
und die gute Butter an. Am Nachmittag
hatten sie alles verkauft. Auf der Heimfahrt
sagte Mutter zufrieden: „Die weite Reise
hat sich wieder mal gelohnt!"

Margret Rettich

Fabeln

Wie die Maus den Löwen rettete

Ein kleines Mäuschen lief neugierig
über den Rücken eines schlafenden Löwen,
der, in seiner Ruhe gestört,

brüllte,
die Maus packte
und auffressen wollte.

Sie bat um ihre Freiheit und versprach,
sich ihm dankbar zu erweisen.
Da lachte der Löwe und ließ sie springen.

Bald darauf erstellten Jäger
eine Fallgrube,
und der Löwe fiel ins Netz.
Er wehrte sich und brüllte laut,
sodass ihn die Maus hörte.
Sie lief zu ihm
und sah seine hoffnungslose Lage.

„Erkennst du mich wieder?
Ich bin die Maus,
die du ausgelacht
und dann freigelassen hast."

Sie packte sein Schwanzbüschel,
und der Löwe zog sie hoch,
und sie kletterte
am Netz empor bis zum Seilende,
das sie rasch durchnagte.

So ward der Löwe befreit,
und die Maus hatte ihre Dankbarkeit
erwiesen.

Merke, was die Fabel lehrt:
In schlechten Zeiten
haben die Mächtigen
auch die Schwachen nötig.

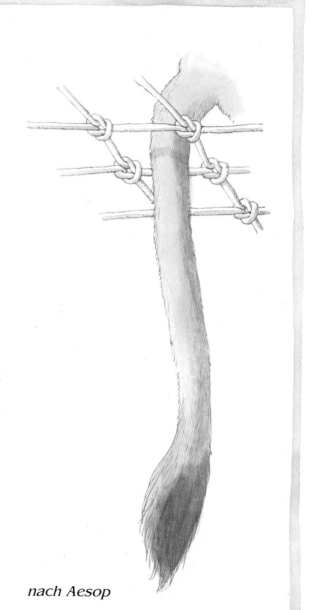

nach Aesop

Die Löwenhöhle

Spieler: Löwe, Hund, Affe, Fuchs

Löwe: *(Er sieht der Reihe nach den Hund,*
den Affen und den Fuchs an.)
Ihr seid alle drei meine guten Freunde.
Ich will, dass ihr mir sagt, wie es in meiner Höhle riecht.

Hund: *(Schnüffelt zweimal, dann hustet er zweimal.)*
O Löwe, ich bin dein guter Freund,
und ich sage dir gerade heraus,
dass deine Höhle schrecklich stinkt.
Wenn du sie einen ganzen Tag lang putzen würdest,
würde es immer noch scheußlich riechen.

Löwe: *(knurrt ärgerlich)*
Grrrrrr! Du bist kein guter Freund. Wie kannst du sagen,
dass meine Höhle schrecklich riecht?
Geh weg und komm nur ja nicht wieder,
sonst fress ich dich auf!

Affe: *(schnüffelt)*
Was für ein dummer Hund! Ich bin dein guter Freund,
König Löwe, und ich will dir sagen,
wie deine Höhle riecht.
Sie riecht so süß wie ein Frühlingsgarten –
in dieser Ecke riecht es wie Rosen,
in dieser Ecke riecht es wie Lilien …

Löwe: *(knurrt ärgerlich)*
Grrrrrr! Du Schmeichelaffe!
Du bist auch nicht klüger als der Hund.
Geh weg und komm nur ja nicht wieder,
sonst fress ich dich auf!
(Er wendet sich an den Fuchs.)
Und wie findest du, dass meine Höhle riecht?

Fuchs: (Er spricht, als hätte er eine verstopfte Nase.)
           Tja, Euer Majestät, ich kann das schlecht sagen.
           Ich habe einen schlimmen Schnupfen
           und kann nämlich nichts riechen.

Löwe: (zufrieden)
           Du bist klug, mein Freund. Du hast mich nicht beleidigt
           und trotzdem deinen Pelz gerettet.

Helga Braemer

Wie der Fuchs den Raben überlistete

Ein Rabe hatte einen Käse gestohlen
und flog damit auf einen Baum,
um ihn dort zu verzehren.

Das sah ein Fuchs, lief unter den Baum
und sagte: „So einen schönen Vogel
wie dich habe ich noch nie gesehen.
Wenn deine Stimme genauso schön ist
wie dein Federkleid,
dann müsste man dich zum König
aller Vögel machen."

Das schmeichelte dem Raben.
Er riss seinen Schnabel auf
und ließ den Käse fallen,
dem lachenden Fuchs in den Rachen.

nach Martin Luther

Fuchs und Storch

Der Fuchs lud den Storch zu einer Mahlzeit ein
und setzte in flachen Schüsseln Brühe vor.
Während der Fuchs sich labte,
versuchte der Storch mit seinem langen Schnabel
vergeblich, die Suppe auch nur zu kosten.

Darauf lud der Storch den Fuchs zur Mahlzeit ein
und trug hohe Flaschen auf,
die mit Fleischbrocken gefüllt waren.
Der Storch holte mit seinem Schnabel
Stück für Stück heraus und sättigte sich.
Der Fuchs aber leckte gierig in den Flaschenhals,
ohne ein Stück zu erhaschen, und blieb hungrig.

nach Phädrus

Fuchs und Gans

Frau Gans, das Wetter ist so schön,
wir könnten zusammen spazieren gehn.

Herr Fuchs, ich bleibe doch lieber zu Haus;
erst sah mir es auch ganz heiter aus,
doch seit du da stehest vor dem Tor,
da kommt mir's wie böses Wetter vor.

Wilhelm Hey

Natur schützen

Der Natur auf der Spur

Wie sieht ein Weidenkätzchen aus,
ein Leberblümchen, ein Löwenzahn-Fallschirmchen?

Das weißt du wahrscheinlich ganz genau,
aber mit einem einfachen Hilfsmittel kannst du
draußen in der Natur viele feine Einzelheiten
besser sehen, die man mit bloßem Auge
kaum wahrnimmt.

Eine Lupe hat in jeder Hosentasche Platz,
und mit ihr lassen sich erstaunliche
Entdeckungen machen.

Mit einer zehnfach vergrößernden Lupe siehst du
beispielsweise, wie die einzelnen Blättchen
des Maikäferfühlers beschaffen sind.
Schau dir auch einmal einen Schmetterlingsflügel
durch die Lupe an,
ein Stückchen Baumrinde, eine Vogelfeder
oder die Unterseite eines Farnblatts.

Wer sich für ganz kleine Lebewesen interessiert,
kann sich die Natur durch eine fünfzehnfach
vergrößernde Lupe betrachten.

Alle deine Beobachtungen könntest du
in ein kleines Naturtagebuch eintragen,
das dich vom Frühling bis in den Winter begleitet.
Ergänze es mit Zeichnungen
und gepressten Pflanzen.

Ursula Meier-Hirschi

130

Eigentum zurück!
Der Bach

Der Frosch

Tom hat einen Eimer. Der Eimer stinkt.

Es ist schwarzes Wasser drin.

„Iii", sagt Tina.

Sie verzieht das Gesicht. Tom stellt den Eimer ab.

Er taucht die Hand hinein. Die Hand wird schwarz.

„Warum machst du das, du Ferkel?", fragt Tina.

„Ich suche den Frosch", sagt Tom. „Er ist aus einem Teich im Stadtpark."

„Igitt", sagt Tina. „Ich finde Frösche eklig."

„Warum?", fragt Tom. Er rührt mit der Hand in der Schlammbrühe herum.

„Weil sie glitschig sind", sagt Tina. „Und weil sie kein Fell haben.
Und solche Glupschaugen."

Tom kann den Frosch nicht finden. Sein Ärmel ist schon ganz schwarz.

Er stinkt nach Schlamm.

„Er ist rausgesprungen", sagt Tina.

Tom hält den Eimer schräg. Ein bisschen Wasser läuft über den Gehweg.

„Ich finde überhaupt kein Tier eklig", sagt er.

„Wirklich?", fragt Tina. „Auch Würmer nicht?"

„Natürlich nicht", sagt Tom.

„Und Spinnen?" Tina rümpft die Nase.

„Nö, überhaupt nicht", sagt Tom. „Spinnen sind nie eklig."

„Aber scheußlich!", ruft Tina. „Die sind doch scheußlich!"

Tom schüttelt den Kopf. Er steckt einen schwarzen Finger in den Mund.

„Igittigitt." Tina schüttelt sich. „Jetzt kriegst du die Dreckbrühe
auch noch in den Mund!"

„Ah, da ist er!", ruft Tom.

Er angelt einen grünen Frosch aus dem Eimer
und setzt ihn auf den Gehweg.

Der Frosch glänzt in der Sonne. Seine Augen schimmern wie Gold.

Er hat richtige Hände und Füße.

Tina geht in die Hocke. „Er ist gar nicht soo eklig", sagt sie.

„Er ist schön", sagt Tom.

Tina denkt nach. „Ja, ein bisschen schön ist er", sagt sie,
„er ist nämlich gar nicht glitschig. Er ist nur nass." Tom nickt.

Plötzlich fällt ein Schatten auf den Frosch.
Tom und Tina schauen auf. Ein Mann und eine Frau
stehen vor ihnen. Sie gucken sich den Frosch an.
„Das kriegt man auch nicht oft zu sehen", sagt der Mann,
„so einen Frosch mitten in der Stadt."

Immer mehr Leute bleiben stehen. Der Frosch
guckt mit einem Auge nach oben.
„Du setzt ihn doch wohl wieder ins Wasser zurück?", fragt eine Frau.
„'türlich", sagt Tom.
„Noch nicht", sagt Tina. „Erst noch gucken."
„Mach ihn ein bisschen nass", sagt ein alter Mann mit einem Stock.
„Sonst trocknet er aus."
Tom schöpft mit der Hand etwas Wasser aus dem Eimer.
Er kippt es dem Frosch über den Rücken.

Der Frosch blinzelt zufrieden mit seinen Glupschaugen.
Dann macht er einen Satz. Auf einen Schuh.
Tina schreit erschrocken auf.
„Nicht bewegen!", ruft der Mann, zu dem der Schuh gehört.
„Sonst treten wir noch auf ihn."
Keiner rührt sich vom Fleck.
Tom schleicht sich an den Frosch heran
und versucht, ihn zu greifen. Aber er greift daneben.
Der Frosch macht noch einen Satz.
Er landet in einem Gewirr von Beinen.

„Nicht bewegen, nicht bewegen!", ruft der Mann wieder.
Die Menschen sehen aus wie Standbilder, so still stehen sie da.
Tom kriecht zwischen den Beinen hindurch.
Der Frosch sieht ihn nicht. Patsch! Tom hat ihn.
    „Gut", sagt Tina aufgeregt. „Schnell in den Eimer mit ihm!"
    Tom setzt den Frosch in den Eimer.
Die   Leute gehen weiter.
Der alte Mann mit dem Stock wirft noch einen Blick
in den Eimer.
„Frösche", sagt er, „das sind Wassermenschen."
Tom und Tina schauen dem alten Mann nach.
Sein Stock macht tick-tick auf dem Pflaster.
„Komm", sagt Tom. „Ich bringe ihn zurück."

Guus Kuijer

134

Das Wassertröpflein

Tröpflein muss zur Erde fallen,
muss das zarte Blümchen netzen,
muss mit Quellen weiterwallen,
muss das Fischlein auch ergötzen,
muss im Bach die Mühle schlagen,
muss im Strom die Schiffe tragen.
Und wo wären denn die Meere,
wenn nicht erst das Tröpflein wäre.

Johann Wolfgang von Goethe

Grieselbach-Gedicht

Wasser rinne nicht so schnell davon,
bleibe länger bei uns.
Durch Bäume, durch Wiesen, durch Auen,
wie du, Wasser, fließt, ist es gut.
Der Weg, den du, ganz von selbst, nimmst,
ist der schönste Weg.

Friedensreich Hundertwasser

*(Gewidmet dem Grieselbach
in der Gemeinde St. Ulrich am Pillersee.)*

Unser Schmetterlingsbuch

Schachbrett

Admiral

Ei, Raupe, Puppe, Schmetterling

Der seltsame Zweig

Die kleine Meise wundert sich. Sie hat scharfe Augen. Saß da nicht eben eine Raupe am Birnbaum? Kroch langsam den Zweig hinauf? Natürlich, die kleine Meise hat es genau gesehen.

Aber auch die kleine Spannerraupe hat die Meise gesehen. Die kleine dicke Raupe will einmal ein Schmetterling werden. Sie hat noch viel vor. Sie muss noch sehr wachsen. Die Meise darf sie nicht verschlucken.
Gefahr! Die kleine Raupe spürt es sofort.

Sie klammert sich mit den Hinterbeinen fest an den Ast. Dann richtet sie den Leib starr auf und streckt ihn aus. So sieht sie wie ein kleiner brauner Zweig aus.
Die Raupe ist ein Zweig geworden, ein braunes Ästchen.

Die kleine Meise guckt. Sie wartet. Nichts rührt sich. Die kleine Raupe bleibt starr und steif.
Die Meise schilpt, schließlich fliegt sie davon. Zweige! Nein, das ist kein gutes Futter. Zweige sind viel zu hart.

Die kleine Raupe rollt sich wieder zusammen und kriecht weiter den Ast hinauf. Sie will ein Schmetterling werden. Und sie kann gut Theater spielen. Eine schlaue kleine Raupe.

Lisa-Marie Blum

Märchen

Ein großer blauer Falter
ließ sich auf mich nieder
und deckte mich
mit seinen Flügeln zu.

Und tiefer und tiefer
versank ich in Träume.
So lag ich lange und vergessen
wie unter einem blauen Himmel.

Hans Arp

Das ganze Jahr

Frühling

Eines Morgens
ist der Frühling da.
Die Mutter sagt,
sie riecht ihn in der Luft.

Pit sieht den Frühling.
An den Sträuchern im Garten
sind hellgrüne Tupfen.

Anja hört den Frühling.
Neben ihr, auf dem Dach,
singen die Vögel.

Unten vor dem Haus
steigt Vater in sein Auto.
Er fühlt den Frühling.
Die Sonne scheint warm
auf sein Gesicht.

Aber schmecken
kann man den Frühling
noch nicht.
Bis die Erdbeeren reif sind,
dauert es noch lange.

Christine Nöstlinger

So ein
verrückter Tag

ein Sturmtag

ein Hageltag

ein Sonnentag

ein Schneetag

ein Windtag

ein Wolkentag

ein Sonnentag

ein Regentag

ein Regenbogentag

im April

Erich Jooß

Der Sommer

Er trägt einen Bienenkorb als Hut,
blau weht sein Mantel aus Himmelsseide,
die roten Füchse im gelben Getreide
kennen ihn gut.

Sein Bart ist voll Grillen. Die seltsamsten Mären
summt er der Sonne vor, weil sie's mag,
und sie kocht ihm dafür jeden Tag
Honig und Beeren.

Christine Busta

Herbst

Es ist nun der Herbst gekommen,
hat das schöne Sommerkleid
von den Feldern weggenommen
und die Blätter ausgestreut,
vor dem bösen Winterwinde
deckt er warm und sachte zu
mit dem bunten Laub die Gründe,
die schon müde gehn zur Ruh.

Joseph von Eichendorff

November

Es kommt eine Zeit,
da lassen die Bäume
ihre Blätter fallen.
Die Häuser rücken
enger zusammen.
Aus dem Schornstein
kommt Rauch.

Es kommt eine Zeit,
da werden die Tage klein
und die Nächte groß,
und jeder Abend hat
einen schönen Namen.

Einer heißt Hänsel und Gretel.
Einer heißt Schneewittchen.
Einer heißt Rumpelstilzchen.
Einer heißt Katherlieschen.
Einer heißt Hans im Glück.
Einer heißt Sterntaler.

Auf der Fensterbank
im Dunkeln,
dass ihn keiner sieht,
sitzt ein kleiner Stern
und hört zu.

Elisabeth Borchers

Vom Büblein auf dem Eis

Gefroren hat es heuer
noch gar kein festes Eis.
Das Büblein steht am Weiher
und spricht so zu sich leis':
Ich will es einmal wagen,
das Eis, es muss doch tragen,
wer weiß?

Das Büblein stampft und hacket
mit seinen Stiefelein.
Das Eis auf einmal knacket,
und krach, schon bricht's hinein!
Das Büblein platscht und krabbelt
als wie ein Krebs und zappelt
mit Schrein.

O helft, ich muss versinken
in lauter Eis und Schnee!
O helft, ich muss ertrinken
im tiefen, tiefen See!
Wär' nicht ein Mann gekommen,
der sich ein Herz genommen,
o weh!

Der packt es bei dem Schopfe
und zieht es dann heraus,
vom Fuße bis zum Kopfe
wie eine Wassermaus.
Das Büblein hat getropfet,
der Vater hat's geklopfet
zu Haus.

Friedrich Güll

Aus Kinderbüchern

Ich wohne mit meiner Frau in Sereetz.
Dieser Ort liegt zwischen
Lübeck und Travemünde,
also in der Nähe der Ostsee.
In unserem Haus habe ich ein Büro.
In dem sitze ich, denke mir etwas aus
und schreibe das auf. Daraus werden dann
Bücher, Filme und Hörspiele. Sehr gerne
schreibe ich fantasievolle Geschichten.

Andere meiner Geschichten klingen, als wären sie wirklich passiert.
Schon als kleines Kind dachte ich mir im Bett Geschichten aus.
Meistens spielte ich darin die Hauptfigur. Mir war völlig klar,
dass ich Schriftsteller werde, schließlich war das mein Großvater auch.
Ein paar Jahre später fand ich das Schreiben lästig,
denn es gab viele Regeln, die ich beachten sollte.
Irgendwann hatte ich die Regeln verstanden. Außerdem entdeckte ich,
dass mir das Schreiben gefällt, wenn ich mir selbst Themen suche
und einfach losschreibe. Ein Deutschlehrer gab mir Tipps.
Er brachte mich auch darauf, für Kinder und Jugendliche zu schreiben.
Langsam wurde das mein Beruf, und eigentlich kann ich mir
keinen besseren vorstellen.

Achim Bröger

Wie sich Pizza und Oskar getroffen haben

„He, du", sagte das Mädchen. „Warum guckst du mich so an?"

„He, du", sagte der kleine Elefant. „Ich guck' dich an, weil ich nicht weiß, warum du noch hier bist. Du gehörst nach Hause. Der Zoo ist für heute zu Ende. Wir haben sechs Uhr. Feierabend."

„Hab' aber noch keine Lust, nach Hause zu gehen."

„Gar keine?", fragte der Elefant. Das Mädchen nickte.

„Dann bleibst du eben noch", sagte er.

Die beiden standen voreinander im Elefantenhaus. Das Mädchen auf der einen Seite des Grabens. Der Elefant auf der anderen Seite.

„Bist'n komischer Elefant", wunderte sich das Mädchen. „Kannst sprechen."

„Klar kann ich das", sagte er und lächelte etwas. „Den ganzen Tag stehe ich hier und höre zu, was die Leute reden und reden und reden und reden.

Warum ist der so grau? So'n kleiner Elefant.

Sieht der niedlich aus. Den möcht' ich haben.

Papa, ist das ein indischer oder ein afrikanischer Elefant? ...

Alle reden. Ich hab' es auch versucht. Heimlich. Abends zwischen sechs und sieben Uhr. Nach dem Dienst. Da ist meine Sprechstunde. Tja ... und jetzt kann ich's eben."

„Ach, so hast du's gelernt", staunte das Mädchen. „Aber erzähl mal, was bist du? Ein afrikanischer oder ein indischer Elefant?"

„Ein afrikanischer. Erkennt man vor allem an den riesigen Wackelohren. Und auch sonst bin ich größer als die indische Verwandtschaft."

„Wirklich, ganz afrikanisch?", fragte das Mädchen.
„Völlig", antwortete der Elefant und nickte stolz.
„Von hinten bis vorne."

Plötzlich hörten sie Schritte. Blitzschnell verschwand das
Mädchen hinter der großen Tür des Elefantenhauses. Die
Tür wurde geöffnet.
„Alles in Ordnung?", fragte eine Stimme.
Der Elefant stand nur da. Antwortete kein Wort. Dann
wurde die Tür geschlossen. Sie waren wieder allein.

„Das war der Tierwärter", sagte der Elefant. „Netter Mann.
Kommt immer und fragt *Alles in Ordnung?*. Der wird sich
wundern, wenn ich zum ersten Mal antworte. Soll eine
Geburtstagsüberraschung für ihn werden. Aber sag mal,
was hast du jetzt vor? Willst ja noch nicht nach Hause."
„Vielleicht … was Aufregendes erleben. Bestimmt sogar.
Ist oft langweilig zu Hause und in der Schule, zum ganz laut
Gähnen. Und außerdem such' ich einen Freund."
„Einen Freund suchen und was Aufregendes erleben",
sagte der Elefant, „das möcht' ich auch."

Einen Augenblick war's ruhig im Elefantenhaus. Dann
schlug das Mädchen vor: „Könnten wir ja eigentlich
zusammen machen."
„Machen wir", trompetete er durch den Rüssel.
„Aber was ist aufregend für dich?", wollte das Mädchen
wissen.
„Afrika ist das Aufregendste. Überall reden sie hier davon.
Die Löwen brüllen was von Afrika. Die Antilopen flüstern
es, und wir trompeten es. Dort gibt es uns alle, dazu
Steppen und schwarze Menschen.

Und die Sonne ist viel sonniger und die Hitze viel hitziger. Hab' ich oft gehört. Zäune stehen auch nicht so viel rum. Außerdem sind meine Eltern da geboren. Ich will nach Afrika, unbedingt!"

„Gut", sagte das Mädchen. „Gehen wir nach Afrika. Aber wo ist es denn? Kennst du dich aus?"

„Dort oder dort oder dort oder dort ist es."

Der kleine Elefant zeigte mit seinem Rüssel in alle vier Himmelsrichtungen. „Wir werden es finden. Bestimmt!"

„Glaube ich auch", sagte das Mädchen. „Wir können ja fragen, wie wir hinkommen."

„Ganz meine Meinung", sagte der Elefant. Ich glaube, wir beide verstehen uns, dachte er.

„Nur eines noch. Ich muss erstmal aus dem Zoo raus", fiel ihm ein.

„Logisch, wenn wir nach Afrika wollen, müssen wir hier raus. Ich heiße übrigens Pizza. Weil ich ein bisschen rund bin und gerne Pizza esse. Und wie heißt du?"

„Da vorne steht's."

„Oskar", las das Mädchen von einem Schild ab. „Oskar, gehen wir?", fragte sie.

„Machen wir", sagte er.

Ob das mein Freund wird? überlegte Pizza.

Und Oskar überlegte: Ob das meine Freundin wird? Meine richtige, allerbeste Freundin?

Achim Bröger

Pizza und Oskar
von Achim Bröger

Svea, Artur und ich
machen einen Ausflug

Linus wohnt im gleichen Haus wie Svea. Svea weiß eine Menge übers Essen. Bei Svea hat Linus kochen gelernt. Manchmal geht Artur mit zu ihr. Artur ist ziemlich mäkelig und pingelig. Aber Sveas Essen schmeckt ihm meistens, obwohl er doch eigentlich nur Würstchen und Spaghetti mag.

Jetzt will ich von unserem Preiselbeerausflug erzählen. Bei uns wachsen nämlich viele Preiselbeeren.
Den Proviant haben wir schon einen Tag vorher vorbereitet. Wir nahmen gebratene Hühnerschenkel, Brötchen und noch einiges mehr mit.

Am Abend vorher taute Svea die Hühnerbeine auf und briet sie, für jeden zwei. Gewürzt wurden sie mit Rosmarin, Pfeffer und ein bisschen Salz. Svea hat sie bei schwacher Hitze gebraten, ein bisschen länger, als auf der Verpackung stand, zur Sicherheit. (Wir mögen es nämlich nicht, wenn das Fleisch innen noch rosa ist.)

Am nächsten Morgen umwickelte Svea die Hühnerbeine am Knochenende mit Papier. So kann man sie gut anfassen.

„Ich hab' einen Pflückeimer erfunden", sagte Artur, als er kam. Es war ein gewöhnlicher Plastikeimer.
„Wie funktioniert er denn?", fragte Svea.
„Das werdet ihr im Wald schon sehen!"

Wir packten alles in zwei Körbe und in Arturs Eimer. Außerdem nahmen wir noch eine karierte Decke und Zeitungen mit, auf denen wir sitzen wollten. Zum Schluss legte Svea noch eine geheimnisvolle Tüte dazu.

Der Stock-Brotteig

Das Stockbrot wollten wir im Wald backen. Den Teig hatten wir vorbereitet. In einer Plastiktüte nahmen wir ihn mit.

Für 6 Brote braucht man:
400 g Weizenmehl
½ Teelöffel Salz
2 Teelöffel Backpulver
50 g Butter
150 ml Milch

So wird's gemacht:
- Mehl, Salz und Backpulver in einer Schüssel mischen. Mit einem Käsehobel Butterflocken hineinhobeln.
- Das Ganze zu einem krümeligen Teig zusammenkneten.
- Die Milch dazugießen.
- Den Teig in eine Plastiktüte füllen und mit einer Wäscheklammer verschließen.

Sveas Preiselbeerstelle

Wir fuhren mit dem Bus aufs Land. Svea wusste, wo wir auszusteigen hatten, um zu einem guten Preiselbeerwald zu kommen.

Zuerst mussten wir ein gutes Stück in den Wald hineingehen. Doch dann sahen wir die ersten Preiselbeerbüschel. „Tiefer im Wald werden es noch mehr", sagte Svea.

Wir legten den Proviant auf einen Stein im Schatten, nahmen unsere Körbe und fingen an zu pflücken.

Artur schnallte seinen Pflückeimer an seinem Gürtel fest. „Guckt mal, ich kann mit beiden Händen pflücken!", rief er. „Und umkippen kann der Eimer auch nicht, wenn man ihn hinstellt."

Bei mir ging es erst ganz langsam. Mir kam es vor, als hätte ich schon eine Ewigkeit gepflückt, da war gerade erst der Eimerboden bedeckt.

„Ist nicht bald Zeit fürs Essen?", fragte ich.

„Wir pflücken noch ein bisschen", sagte Svea.

Das taten wir, und nicht nur ein bisschen …

Unser Picknick

In der Nähe von einem kleinen Bach machten Artur und ich an einer Grillstelle ein Feuer. Während wir darauf warteten, dass sich recht viel Glut bildete, schnitten wir Stöckchen fürs Brot (nicht zu trockene) zurecht.

Wir formten sechs Kugeln aus dem Teig, rollten sie zwischen den Händen zu Schlangen und wickelten diese in einer Spirale um die Stöcke. Dann hielten wir sie über die Glut. Wie das Brot aufging!

Man konnte jeweils nur einen Stock über die Glut halten. Weil er die ganze Zeit gedreht werden musste, damit der Teig an keiner Seite anbrannte.

Das Brot sollte hellbraun werden. Es wurde ein sehr gutes Brot. Wir bestrichen es mit Weichkäse.

Die Hühnerbeine schmeckten auch gut. Hinterher waren wir ganz satt.

Nach dem Essen holte Svea ihre geheimnisvolle Tüte hervor. Darin waren herrliche Pflaumen.

Und dann lagen wir eine Weile im Gras und aßen Pflaumen und guckten in die Wolken.

Svea nahm einen ordentlichen Schluck Kaffee.

Bevor wir gingen, mussten wir noch prüfen, ob das Feuer auch richtig gelöscht war. Um ganz sicher zu gehen, holten wir in der Saftflasche Wasser aus dem Bach und gossen es über die Feuerstelle.

Christina Björk / Lena Anderson

Auflösung zur Seite 129

Tiere

1 Reh mit Kitz
2 Dachs
3 Grünspecht
4 Kohlmeise
5 Eichelhäher
6 Elster
7 Blaumeise
8 Perlmutterfalter
9 Zitronenfalter
   (männlich)
10 Bläuling
11 Kleiner Feuerfalter
12 Senfweißling

Pflanzen

13 Eschen
14 Eiche
15 Feldahorn
16 Buchen
17 Traubeneiche
18 Eberesche
    (Vogelbeerbaum)
19 Birke
20 Feldulme
21 Eichenstrunk
22 Ulmenstrunk
23 Stechpalme
24 Haselstrauch

25 Hasenglöckchen
26 Sauerklee
27 Schlüsselblume
28 Buschwindröschen
    (Waldanemone)
29 Farn

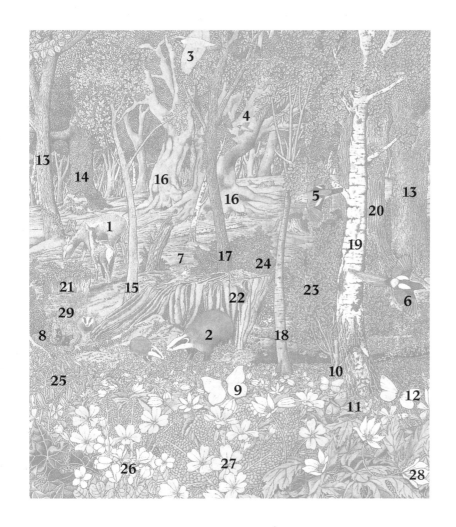

Inhaltsverzeichnis

Das ganze Jahr

Aus Kinderbüchern

Quellenverzeichnis

Texte

S. 6: Originalbeitrag: Die Dschungelstadt

S. 20: Georg Britting: Goldene Welt; © by Ingeborg Schuldt-Britting, 8201 Rohrdorf

S. 21: Joachim Ringelnatz: Die Feder; aus: Walter Pape (Hrsg.), Joachim Ringelnatz. Das Gesamtwerk in 7 Bänden, Henssel Verlag, Berlin o. J.

S. 22: Hans Baumann: Mäuselist; aus: Hans Baumann, Kopfkissenbuch für Kinder, Annette Betz Verlag, München 1972

S. 23: Wilhelm Busch: Rotkehlchen; aus: Friedrich Bohne (Hrsg.), Wilhelm Busch. Historisch-kritische Gesamtausgabe, Band 3, Vollmer Verlag, Wiesbaden 1959

S. 24: Hans Baumann: Lesestunde; aus: Hans Baumann, Wer Flügel hat, kann fliegen, Verlag Ensslin und Laiblin, Reutlingen 1966

S. 25: nach Klaus Franken: Brüder; aus: Klaus Franken, Witzbuch für Jungen, D. Pfeiffer Verlag, München 1968

S. 26: Arnold Lobel: Die Henne und der Apfelbaum; aus: Arnold Lobel, Das Krokodil im Schlafzimmer und andere fabelhafte Geschichten, Lappan Verlag, Oldenburg 1986

S. 28: M. Taborsky: Ein Schlaumeier; aus: Julius Linke (Hrsg.), Sommergarten, K. Thienemanns Verlag, Stuttgart 1974

S. 30: Texter: trad., Hoffmann, Komponist: trad., Hoffmann: Mäuse im Kornfeld; aus: Klaus W. Hoffmann/Rudi Mika, Wie kommt die Maus in die Posaune?, © Aktive Musik Verlagsgesellschaft, Dortmund 1989

S. 32: Jacob und Wilhelm Grimm: Die Wassernixe; aus: Richard Bamberger (Hrsg.), Jacob und Wilhelm Grimm. Kinder- und Hausmärchen, Ravensburger Buchverlag, Otto Maier GmbH, Ravensburg 1972

S. 34: nach Helmut Schreier: Die Entwicklung zum Frosch; aus: Helmut Schreier, Unsere Sache 3, Schöningh Verlag, Paderborn 1980

S. 36: Erhard Dietl: Manchmal wär ich gern ein Sultan (Textauszug); aus: Erhard Dietl, Manchmal wär ich gern ein Tiger, Ravensburger Buchverlag, Otto Maier GmbH, Ravensburg 1985

S. 37: Originalbeitrag: Mit dem fliegenden Teppich unterwegs

S. 37: Erhard Dietl: Manchmal wär ich gern ...; aus: Erhard Dietl, Manchmal wär ich gern ein Tiger, Ravensburger Buchverlag, Otto Maier GmbH, Ravensburg 1985

S. 38: Josef Guggenmos: Das große kecke Zeitungsblatt; aus: Hans-Joachim Gelberg, Die Stadt der Kinder, Georg Bitter Verlag, Recklinghausen 1969

S. 40: Max Kruse: Mond; aus: Jochen Bartsch/Max Kruse, Windkinda, Verlag Ensslin und Laiblin, Reutlingen 1968

S. 41: Martin Auer: Ich hatte einen Traum; aus: Martin Auer, Was niemand wissen kann, Beltz Verlag, Weinheim und Basel o. J., Programm Beltz und Gelberg, Weinheim

S. 42: Erwin Moser: Gewitter; aus: Hans-Joachim Gelberg (Hrsg.), Überall und neben dir, Beltz Verlag, Weinheim und Basel 1986, Programm Beltz und Gelberg, Weinheim

S. 44: Joke van Leeuwen: Die Geschichte von Joris Floris; aus: Joke van Leeuwen, Ein Haus mit 7 Zimmern, übersetzt von Marie-Thérèse Schins-Machleidt, Sauerländer Verlag, CH-Aarau und Frankfurt/Main 1983

S. 46: nach Walter Schumann: Wir sammeln Steine; aus: Walter Schumann, Steine sammeln, BLV Verlagsgesellschaft, München 1975

S. 47: Originalbeitrag: Spiel mit Steinen

S. 48: Josef Guggenmos: Zwölf Schubladen; aus: Hans-Joachim Gelberg (Hrsg.), Der bunte Hund, Beltz Verlag, Weinheim und Basel 1981, Programm Beltz und Gelberg, Weinheim

S. 50: Karlhans Frank: Du und ich; aus: Arbeitsgemeinschaft Jugend und Bildung (Hrsg.), Mücke 3/89, Universum Verlagsanstalt, Wiesbaden 1989

S. 51: Manfred Mai: Möglichkeiten; Rechte liegen beim Autor.

S. 52: Christina Björk/Lena Anderson: Ich lerne kochen; aus: Christina Björk/Lena Anderson, Linus lässt nichts anbrennen, übersetzt von Angelika Kutsch, Bertelsmann Verlag, Gütersloh 1981

S. 54: Astrid Lindgren: Karlsson vom Dach (Textauszug); aus: Astrid Lindgren, Karlsson vom Dach, Friedrich Oetinger Verlag, Hamburg 1975

S. 56: Schülerbeitrag: Mein Abenteuer mit Nils Karlsson

S. 57: Achim Bröger: Pizza und Oskar; aus: Achim Bröger, Pizza und Oskar, Arena Verlag, Würzburg 1981

S. 60: Guus Kuijer: Emmie; aus: Guus Kuijer, Ich fühle mich wie Apfelmus, Übersetzer: Hanni Ehlers, Regine Kämper, Ravensburger Buchverlag, Otto Maier GmbH, Ravensburg 1987, © Em. Querido's Uitgeverij B. V., Amsterdam

S. 62: Gina Ruck-Pauquèt: Die Bachstelze; aus: Gina Ruck-Pauquèt, Leselöwen-Tiergeschichten, Loewes Verlag, Bindlach 1981

S. 64: Tilde Michels: Wie der Vogel gestorben ist; Rechte liegen bei der Autorin.

S. 66: Unbekannte Verfasser: Mein Witzbuch; aus: J. Weidenbach, Das große Leselöwen-Geschichtenbuch, Loewes Verlag, Bindlach 1989

S. 68: Unbekannte Verfasser: Rätsel

S. 70: Detlef Kersten: Theodor, der Tintenfisch; aus: Detlef Kersten, Kannst du das, was Tiere können?, Ravensburger Buchverlag, Otto Maier GmbH, Ravensburg 1986

S. 71: Christine Nöstlinger: Lieber Paul!; aus: Christine Nöstlinger, Liebe Susi! Lieber Paul!, K. Thienemanns Verlag, Stuttgart 1984

S. 72: Eveline Hasler: Popkorn kann zaubern; aus: Eveline Hasler, Der Buchstabenclown, Deutscher Taschenbuch Verlag, München 1985

S. 73: Hans Baumann: Der Bleistift; aus: Georg Bitter (Hrsg.), Die Stadt der Kinder, Georg Bitter Verlag, Recklinghausen 1969

S. 74: Originalbeitrag: Adventskalender basteln

S. 76: Volksgut: Der heilige Nikolaus

S. 77: Theodor Storm: Knecht Ruprecht; aus: Theodor Storm, Sämtliche Werke in zwei Bänden, Band 2, Winkler Verlag, München 1951

S. 78: nach Josef Guggenmos: Wir gehen zur Krippe; aus: Barbara Cratzius, Schulkinder freuen sich auf Weihnachten, © 1980 by Als-Verlag, Frankfurt/Main

S. 79: Rudolf Otto Wiemer/Heinz Lemmermann: Wir wandern zur Krippe; aus: Heinz Lemmermann, Die Zugabe, Band 3, Fidula Verlag, Boppard/Rhein und Salzburg

S. 80: Gina Ruck-Pauquèt: Wo ich sein will, wo ich bin; aus: Gina Ruck-Pauquèt, Das große Buch von Gina Ruck-Pauquèt, Geschichten, Späße und Gedichte, Ravenburger Buchverlag, Otto Maier GmbH, Ravensburg 1978

S. 82: Leo Lionni: Frederick (Textauszug); aus: Leo Lionni, Frederick, Gertraud Middelhauve Verlag, Köln 1968

S. 84: Unbekannter Verfasser: Ein Wunsch ist frei; aus: Mauritz de Meyer (Hrsg.), Flämische Märchen, Matari Verlag, Hamburg o. J.

S. 86: nach Jacob und Wilhelm Grimm: Die Bienenkönigin; aus: Jacob und Wilhelm Grimm. Kinder- und Hausmärchen, Winkler Verlag, München 1949

S. 90: Manfred Hausmann: Die Bremer Stadtmusikanten; aus: Manfred Hausmann, Irrsal der Liebe, Gedichte aus vier Jahrzehnten, S. Fischer Verlag, Frankfurt/Main 1960

S. 93: Franz Graf von Pocci: Junker Prahlhans; aus: Hans-Joachim Gelberg (Hrsg.), Menschengeschichten, 3. Jahrbuch der Kinderliteratur, Beltz Verlag, Weinheim und Basel 1975, Programm Beltz und Gelberg, Weinheim

S. 96: Originalbeitrag: Helfen

S. 97: Manfred Mai: Meine Schwester; Rechte liegen beim Autor.

S. 98: Aliki: Wie fühlst du dich?; aus: Aliki, Gefühle sind wie Farben, Beltz Verlag, Weinheim und Basel 1987, Programm Beltz und Gelberg, Weinheim

S. 99: Astrid Lindgren, Wir Kinder aus Bullerbü; aus: Astrid Lindgren, Wir Kinder aus Bullerbü, Verlag Friedrich Oetinger, Hamburg 1954

S. 100: Annemarie Norden: Die Meckerpause; aus: Annemarie Norden, Die Meckerpause, Arena Verlag, Würzburg 1981

S. 102: Karin Gündisch: Stefan; aus: Hans-Joachim Gelberg (Hrsg.), Die Erde ist mein Haus, 8. Jahrbuch der Kinderliteratur, Beltz Verlag, Weinheim und Basel 1988, Programm Beltz und Gelberg, Weinheim

S. 103: Mechthild zum Egen: Mut; aus: Arbeitsgemeinschaft Jugend und Bildung (Hrsg.), Mücke 6–7/86, Universum Verlagsanstalt, Wiesbaden 1986

S. 104: Ursula Wölfel: Hannes fehlt; aus: Ursula Wölfel, Die grauen und die grünen Felder, Anrich Verlag, Kevelaer 1970

S. 106: Janosch: Kinder-Abc; aus: Janosch, Die Maus hat rote Strümpfe an, Beltz Verlag, Weinheim und Basel 1978, Programm Beltz und Gelberg, Weinheim

S. 107: Renate Welsh: Was-ich-mag-Alphabet/Was-ich-nicht-mag-Alphabet; aus: Hans Domenego u. a. (Hrsg.), Das Sprachbastelbuch, Verlag Jugend und Volk, Wien und München 1975

S. 108: Gerald Jatzek: Kirschkerne spucken; aus: Gerald Jatzek, Der Lixelhix, Verlag Jugend und Volk, Wien und München 1986

S. 109: Elisabeth Stiemert: Eine Luftballongeschichte; aus: Elisabeth Stiemert, Angeführt! Angeführt!, Stalling Verlag, Oldenburg 1977

S. 110: Hans Stempel/Martin Ripkens: Xerxes; aus: Hans Stempel/Martin Ripkens, Kinder haben Geheimnisse, Ellermann Verlag, München 1973

S. 112: Laura E. Richards: Eletelefon; aus: Hans Baumann (Hrsg.), Ein Reigen um die Welt, Sigbert Mohn Verlag, Gütersloh 1965

S. 112: Volksgut: Dunkel war's; aus: Horst Kunze (Hrsg.), Dunkel war's, der Mond schien helle; Eine Sammlung von herrenlosen Scherzgedichten, Heinemann Verlag, München 1943

S. 114: Heinrich Maria Denneborg: Kasperletheater; aus: Heinrich Maria Denneborg, Bunter Kinderreigen, Arena Verlag, Würzburg 1966

S. 115: Peter Charlot: Kirschkuchen; aus: 50 gespielte Witze aus aller Welt, Otto Teich Verlag, Darmstadt 1980

S. 116: Donald Bisset: Des Kaisers Maus; aus: Donald Bisset, Gute-Nacht-Geschichten für wache Kinder, übersetzt von Käthe Recheis, Benziger Verlag, Zürich und Köln 1978

S. 119: Hedy G. Barth-Rößler: Reisen mit der Postkutsche: Über Stock und Stein; Originalbeitrag

S. 121: nach Carl Benz: Die erste Fernfahrt mit dem Auto; Originalbeitrag

S. 122: Margret Rettich: Die Reise mit der Eisenbahn; aus: Margret Rettich, Erzähl mal, wie es früher war, Ravensburger Buchverlag, Otto Maier GmbH, Ravensburg 1987

S. 124: nach Aesop: Wie die Maus den Löwen rettete; aus: Rudolf Hagelstange (Hrsg.), Fabeln des Aesop, Ravensburger Buchverlag, Otto Maier GmbH, Ravensburg 1966

S. 126: Helga Braemer: Die Löwenhöhle; aus: Helga Braemer, 14 kleine Theaterstücke, Ravensburger Buchverlag, Otto Maier GmbH, Ravensburg 1978

S. 127: nach Martin Luther: Wie der Fuchs den Raben überlistete; aus: Werke, Weimarer Ausgabe, Band 50, Weimar 1914

S. 128: nach Phädrus: Fuchs und Storch; aus: Aesopische Fabeln des Phädrus, Übersetzer: Wilhelm Binder, Goldmann Verlag, München 1959

S. 128: Wilhelm Hey: Fuchs und Gans; aus: 100 Fabeln für Kinder, Opera Verlag, Taunusstein 1977

S. 130: Ursula Meier-Hirschi: Der Natur auf der Spur; aus: Ursula Meier-Hirschi, Das große Frühlingsfest, Orell Füssli Verlag, CH-Zürich 1986

S. 132: Guus Kuijer: Der Frosch; aus: Guus Kuijer, Tina und die Kunst sich zu verlaufen, Übersetzer: Hanni Ehlers, Regine Kämper, Ravensburger Buchverlag, Otto Maier GmbH, Ravensburg 1989

S. 135: Johann Wolfgang von Goethe: Das Wassertröpflein; aus: Erich Trunz, Herbert v. Einem (Hrsg.), Goethes Werke, Hamburger Ausgabe in 14 Bänden, Christian Wegner Verlag, Hamburg 1950

S. 135: Friedensreich Hundertwasser: Grieselbach-Gedicht; aus: Hans-Joachim Gelberg (Hrsg.), Augenaufmachen, 7. Jahrbuch der Kinderliteratur, Beltz Verlag, Weinheim und Basel 1984, Programm Beltz und Gelberg, Weinheim

S. 136: Originalbeitrag: Unser Schmetterlingsbuch

S. 137: Lisa-Marie Blum: Der seltsame Zweig; aus: Hans-Joachim Gelberg (Hrsg.), Die Erde ist mein Haus, 8. Jahrbuch der Kinderliteratur, Beltz Verlag, Weinheim und Basel 1988, Programm Beltz und Gelberg, Weinheim

S. 138: Hans Arp: Märchen; aus: Hans Arp, Gesammelte Geschichten, Arche Verlag, CH-Zürich 1963

S. 139: Christine Nöstlinger: Frühling; aus: Christine Nöstlinger, Der Frühling kommt, Schroedel Verlag, Hannover 1972

S. 140: Erich Jooß: So ein verrückter Tag; aus: Hans Gärtner (Hrsg.), Jetzt fängt das schöne Frühjahr an, Gütersloher Verlagshaus Gerd Mohn, Gütersloh 1988

S. 141: Christine Busta: Der Sommer; aus: Christine Busta, Die Sternenmühle, Otto Müller Verlag, Salzburg 1959

S. 141: Joseph von Eichendorff: Herbst; aus: Wolfdietrich Rasch (Hrsg.), Gesammelte Werke, Carl Hanser Verlag, München 1959

S. 142: Elisabeth Borchers: November; aus: Elisabeth Borchers, Und oben schwimmt die Sonne davon, Ellermann Verlag, München 1965

S. 143: Friedrich Güll: Vom Büblein auf dem Eis; aus: James Krüss (Hrsg.), So viele Tage wie das Jahr hat, Bertelsmann Jugendbuchverlag, München 1959

S. 144: Originalbeitrag: Autorenporträt Achim Bröger

S. 145: Achim Bröger: Wie sich Pizza und Oskar getroffen haben; aus: Achim Bröger, Pizza und Oskar, Arena Verlag, Würzburg 1981

S. 148: Christina Björk/Lena Anderson: Svea, Artur und ich machen einen Ausflug; aus: Christina Björk/Lena Anderson, Linus lässt nichts anbrennen, übersetzt von Angelika Kutsch, Bertelsmann Verlag, München 1981

Abbildungen

Alle hier nicht aufgeführten Illustrationen, Vignetten und Überschriften stammen von **G. J. W. Vieth**, Berlin.